羊皮紙の世界

薄皮が秘める分厚い歴史と物語

八木健治

Kenji Yagi

JN048957

岩波書店

はじめに

「羊皮紙」と聞いて、何を思い浮かべますか？

ある人はふるーい古文書、ある人は宝の地図、またある人はハリー・ポッターなどファンタジーの世界――。映画などで見たり聞いたりしたことはあるけれど、本物は見たことがない。そのような方も多いでしょう。

この本では、日本ではなじみの薄い「羊皮紙」について、作り方などの基本から羊皮紙が使われている文物に見られる特徴まで、様々な例を通してわかりやすく紹介します。

第一章では、羊皮紙作りについて掘り下げます。毛むくじゃらの動物の皮膚を薄く滑らかな「紙」にする伝統的な工程を見てみましょう。第二章では、その羊皮紙が歴史上最も輝いた分野、中世ヨーロッパの彩飾写本をご覧いただきます。一見非の打ちどころのない煌《きら》びやかな写本ですが、人間の手作業で作られたもの。当時の写本職人の工夫などを実際の写本を通して紹介します。第三章は、西欧以外の羊皮紙について。ビザンツやアルメニア、ユダヤ、エチオピア、イスラム圏など、あまり知られていない「羊皮紙文化圏」をカバーします。最後に、少々お堅い証書類の世界。現代でしたらさほどときめく要素のない分野かもしれませんが、羊皮紙文書は魅力満載。羊皮紙ならではの改ざん・偽造対策や、鮮やかな印章の世界を巡ります。

この本では、いわゆる「有名どころ」の作品ではなく、極力筆者自身が手元に持っているものを紹介します。そうすることで、表面的な見た目だけでなく、様々な角度から観察して見えてきたポイントを基に説明できるためです。

羊皮紙を通して見るモノとヒト、モノとヒトを通して見る羊皮紙。古代から人間の歴史を文字通り支えてきた、不思議な紙、「羊皮紙」。薄い「羊皮紙」という素材が秘める分厚い世界をのぞいてみましょう。

目次

- 特に所蔵者の記載のない作品は、すべて筆者が所蔵しているものです。写真も、画像出典の記載のないものは、筆者撮影のものです。
- 慣用に従い、動物種にかかわらず「羊皮紙」という言葉を使用します。
- 動物の「ひつじ」に関しては、「羊皮」と記載した際に「ヨウヒ」か「ヒツジガワ」か混乱するため、平仮名で「ひつじ」と表記します。
- 通常の「紙」は、羊皮紙と明確に区別する目的で、適宜「植物紙」と記載します。

プロローグ　羊皮紙発祥の地――ペルガモン

プトレマイオス王とエウメネス王の間にある、
図書館についての競争関係により、
プトレマイオスはパピルスの輸出を停止し、
そのためペルガモンにて羊皮紙が発明された。
その後、この素材の使用が一般に広まり、
人類の不滅性が確立した。
――プリニウス『博物誌』一三巻二一章七〇節(1)

図 0-1　ペルガモン図書館跡

図 0-2　トラヤヌス神殿

図 0-3　円形劇場

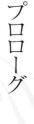

羊皮紙は、いつ生まれたのでしょう。一世紀ローマの学者・哲学者・政治家であった大プリニウス（二三頃〜七九頃）は、著書『博物誌』に「羊皮紙はペルガモンで生まれたのだ！」と記しています。ときは紀元前二世紀。

「ペルガモン」とは一体どこでしょうか。決して伝説の地ではありません。それは、現在のトルコ西部、エーゲ海から車で三〇分ほどのところ。今はトルコ語で「ベルガマ」と呼ばれています。

図 0-4　枝にかけられている皮
（山上には古代ペルガモンの遺跡）

図 0-5　ベルガマの羊皮紙作り

プリニウスによると、羊皮紙はパピルスが使えなくなった「緊急事態」に際しての代用品。当初は粗雑な作りだったかもしれませんが、改善が進み、古代世界の中心地、ローマに輸出するまでになったのです。ローマ人はラテン語で、「ペルガモンの紙」＝「カルタ・ペルガメーナ」と呼びました。ここから羊皮紙の英語名「パーチメント」という単語が生まれたといわれます。パピルスよりも丈夫で、その上ひつじはどこにでもいる。その手軽さもあり、羊皮紙は瞬く間に広まりました。

その後のペルガモンにおける羊皮紙作りの歴史は定かではありませんが、当地では現代においても羊皮紙が作られています。

ペルガモンにおける羊皮紙作りの伝統を受け継ぐ職人、イスマイル・アラチさん(一九三三〜)。かつてベルガマは皮革産業が栄えていました。イスマイルさんは、幼少のころ川沿いに男たちが長い刀を持ってうろついていた恐ろしい光景が、鮮明に記憶に残っていると語ります。いつか自分がその刀で襲われるのではないかと。それは、動物の皮から毛を剝ぐための道具だと知ったのははるか後のことでした。いつしか自らがその刀を手にして動物の毛を剝ぎ、親方に言われるままに羊皮紙を作るようになったのです。二〇世紀半ば、工業化にともなう川の汚染を受けて、当局による規制が強化。ほとんどの工房が撤退した後でも、イスマイルさんだけは環境に優しい伝統的な方法を守り、羊皮紙作りを続けました。現在でも、世界約三〇か所で羊皮紙が作られています。古代に産声を上げた羊皮紙は、中世で花開き、紙や印刷の登場で下火になりながらも、今に至るまで作られ、使われ続けている素材なのです。

図 0-6　羊皮紙職人イスマイル・アラチさん
(© Lütfü Dağtaş)

図 0-7　生皮を干すイスマイルさん(© Cihan Karaca)

第一章

羊皮紙作りの世界

第一章では、動物の皮膚が紙になる工程を主に扱います。ベルガマの羊皮紙職人イスマイルさんの製法に加え、ヨーロッパの製法も紹介。また、実際の古い羊皮紙写本に見られる特徴を取り上げます。動物の皮膚から作られる不思議な紙、「羊皮紙」の基本を見ていきましょう。

1　牧場生まれの紙――羊皮紙

人間は古くから本を作ってきました。その本は植物繊維から作る「紙」でなく、元々生きていた動物の「皮膚」を原料として作られたもの。そう、聖書もコーランも、中世の祈りの本も、み～んな牧場生まれ！

「え、聖書を作るために、ひつじを何百頭も殺しているの？」と思われるかもしれません。そう思うのも無理はありませんが、羊皮紙を作るだけのために動物を屠畜することはほぼないと言えるでしょう（長い歴史で絶対なかったとは言い切れませんが）。そんなことをしたら、そもそも牧場経営が成り立ちません。

メインは「肉」です。牧場で育てられた動物は屠畜場で解体され、肉と皮に分離されます。お肉は中世ヨーロッパであれば裕福な人の食卓に並び、現代であればレストランに卸されます。では皮は？　普通、皮は食べませんよね？でも、そのまま捨てるというのももったいない。用途の一つがレザー、もう一つの用途が羊皮紙です。

羊皮紙が動物の身体の一部だったという証は数百年前の本にしっかり残っています。一例を紹介しましょう。

図1―2は一六世紀スペインの教会で使われていたグレゴリオ聖歌の楽譜。これを見ても、古びた紙のようですね。生きていた証などどこにも見受けられません。

そこで、この楽譜を九〇度回転させて、裏側からライトを照らして透かしてみましょう（図1―3）。

すると、背骨の跡がスーっと縦に走り、その左右にあばら骨のような模様が見えますね。そう、この楽譜見開き二ページ分は、ひつじ一頭分の皮を長方形に切ったものなのです。ちょうど、ひつじの背骨を中心として、おなかから開いた形。わかりやすく言うと「ひつじの開き」。

羊皮紙がいわゆる「普通の紙」と違うポイントは、一枚一枚に、かつて動物の命が宿っていたということ。この世の生を全うした動物は羊皮紙として生まれ変わり、その後数百年もの間、神の言葉など大切なメッセージを人間に伝える役割を担うのです。

かつて命が宿っていた「紙」――そうした由来が、どこか神秘的なイメージをもたらしているのではないでしょうか。

図 1-1　牧場のひつじ

図 1-2　グレゴリオ聖歌楽譜（1500 年頃スペイン）

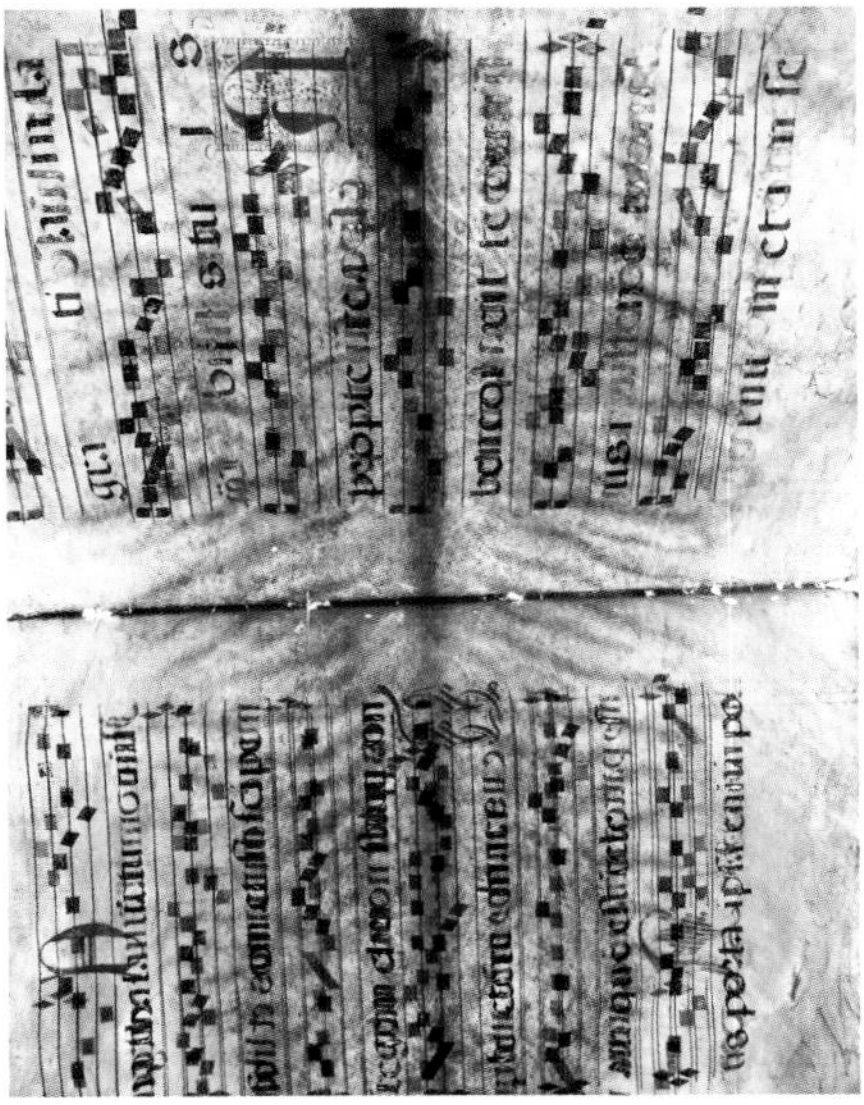

図 1-3　透過光で浮き上がる骨格跡

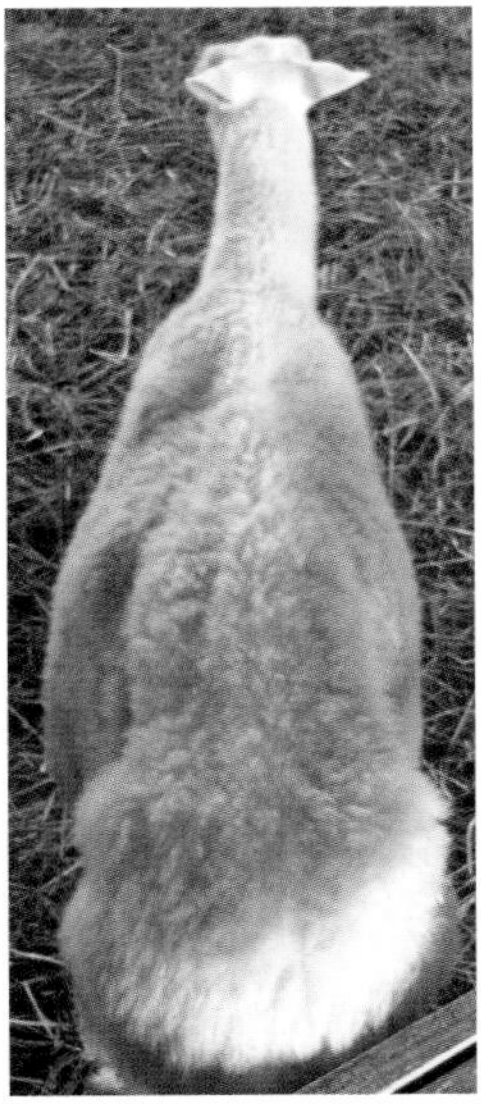

図 1-4　ひつじの背中

図 1-5　ひつじ（ビュフォン『博物誌』1755 年）

2　原料――羊皮紙って「ひつじ」なの？

漢字では、「羊の紙」と書きますが、使われる皮はひつじ限定なのでしょうか。実は「羊」皮紙とは言えど、主に三種類の動物が使われているのです。ここで、これら三種の動物の違いについて見ていきましょう。羊皮紙が実用品として使われていた時代における動物の姿の参考として、一七五五年フランスにて刊行されたビュフォン（一七〇七～八八）著『博物誌』の図版も掲載します。

① ひつじ皮

まずは「羊皮紙」の字のごとく、ひつじです。

ひつじは、ヨーロッパ全域で使用されていました。比較的質素な書物や、役所が発行するような証書類、聖歌の楽譜などにひつじ皮が多く見られます。

ひつじは皮膚にラノリンという脂分を多く含んでいるため、その脂分が酸化して若干黄色っぽくなっているのが特徴です。皮の中間に脂の層があるため、多くの場合表面を削って脂を除去しており、和紙のような軽やかさが感じられます。反面、インクが滲みやすいため、白い塗料をコーティングしてある場合も多く見受けられます。

② 仔牛皮

次に、牛です。大人の牛ではかなりの大きさと厚さになり、「紙」ではなく「ボード」になってしまいますので、一般的には生後六週間以内の「仔牛」が使われます。

白く滑らかで、毛穴などの跡も目立たないため字が書きやすく、修正もしやすい。そのため、中世において王侯貴族に献呈されるような高級写本には、仔牛皮が多く使用されていました。ただし、滑らかすぎるとインクが定着しにくいため、中世の写本では表面を粗く処理してある場合が多く見られます。触ってみると桃の皮の表面のよう。よく「ベルベット状」と形容されます。

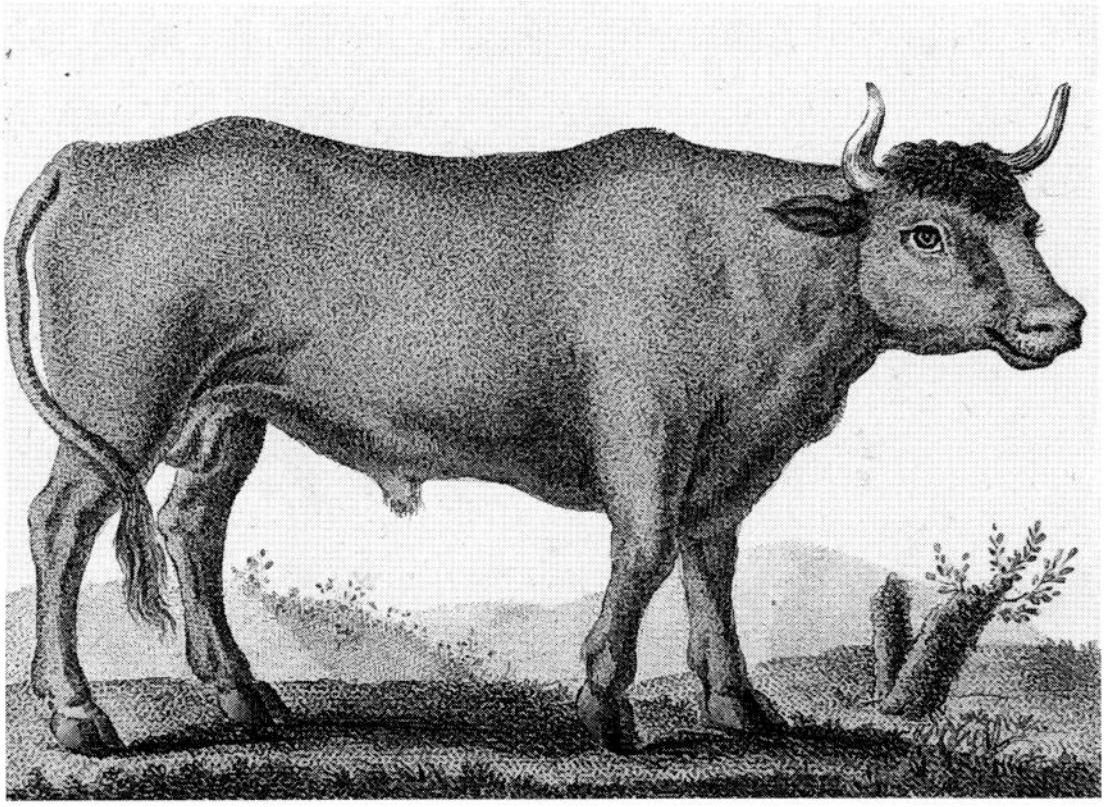

図 1-6　牝牛（ビュフォン『博物誌』1755 年）

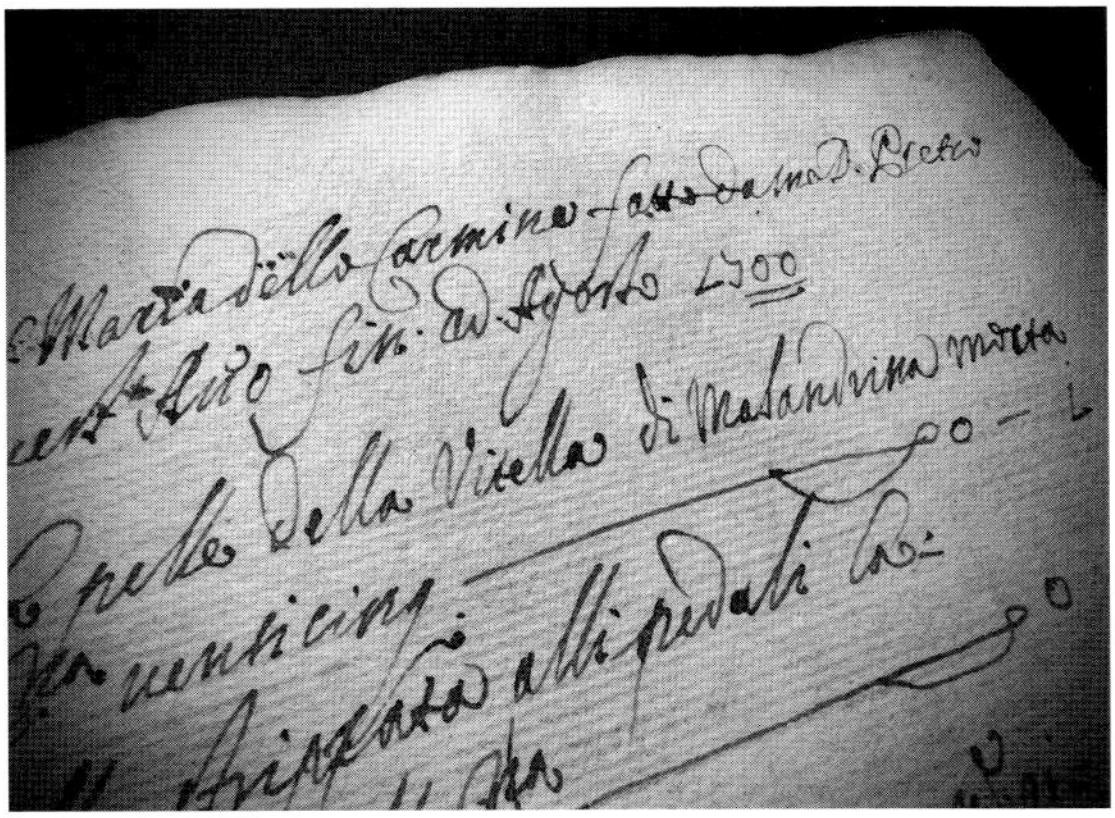

図 1-7　死産した仔牛の皮を羊皮紙用に販売した牧場の領収書（1700 年イタリア）

仔牛皮は「ヴェラム」とも呼ばれ、羊皮紙の中でも上質なものと見なされています。とりわけ、牛の胎児から作られるものは「ユーテライン・ヴェラム」もしくは「スランク・ヴェラム」と称される非常に薄く滑らかな高級品。ただし、羊皮紙作りのために胎児を母牛から引っ張り出しているわけではなく、死産となった仔牛の皮を使っていることがほとんどです。中世の畜産において、死産率は相当高かったという記録があります。また、死産となった仔牛の皮を牧場が羊皮紙作り用に販売していたことが記録されている文書も残っています（図1―7）。

仔牛皮は、地域的にいうとヨーロッパの北方、ドイツ周辺の写本に多く用いられていました。

ひつじ

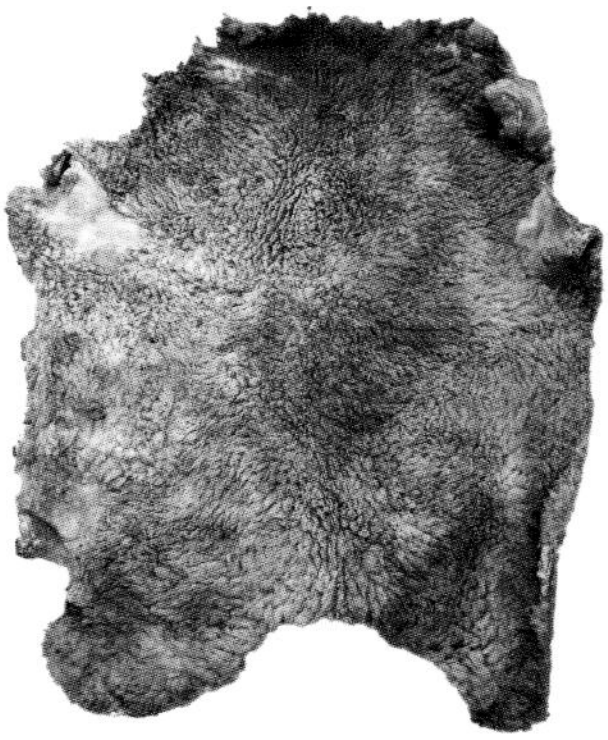

図 1-8　ひつじ皮原皮

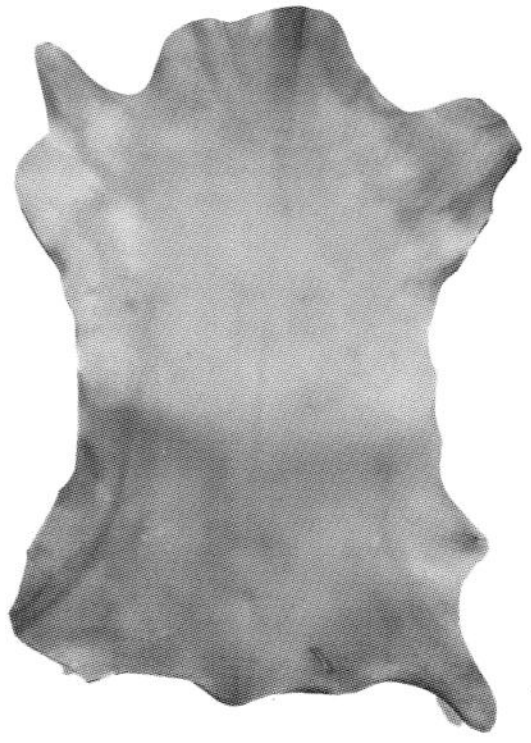

図 1-9　ひつじ皮の羊皮紙

仔牛

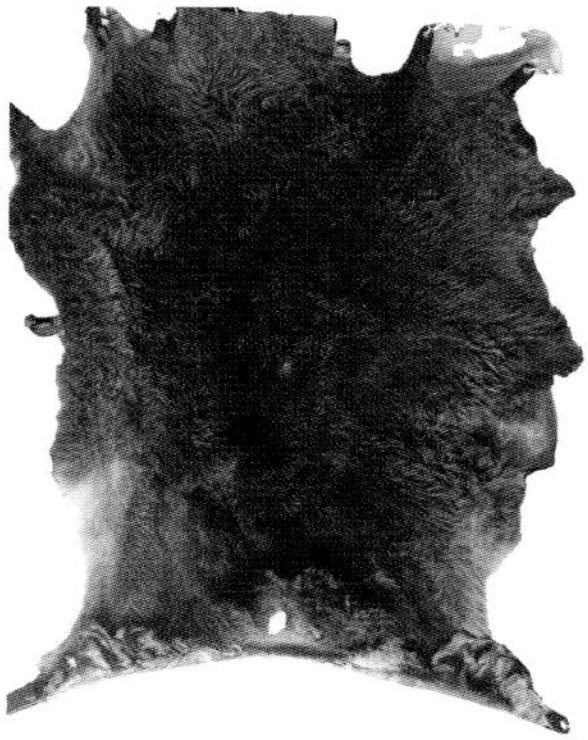

図 1-10　仔牛皮原皮

図 1-11　仔牛皮の羊皮紙

山羊

図 1-12　山羊皮原皮

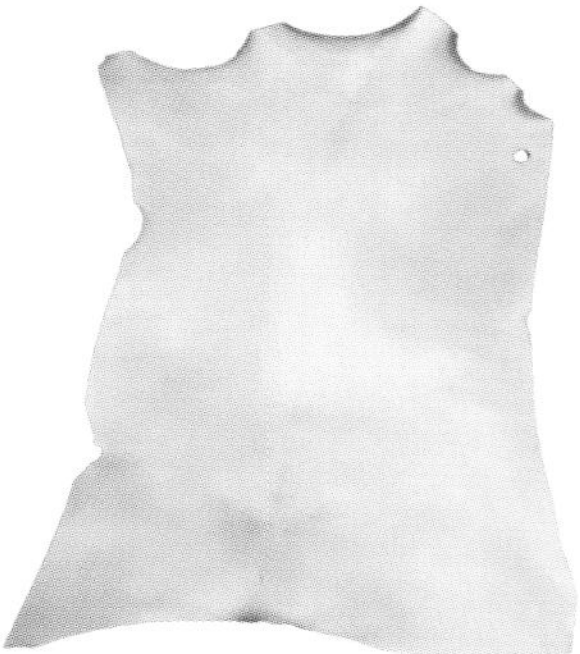

図 1-13　山羊皮の羊皮紙

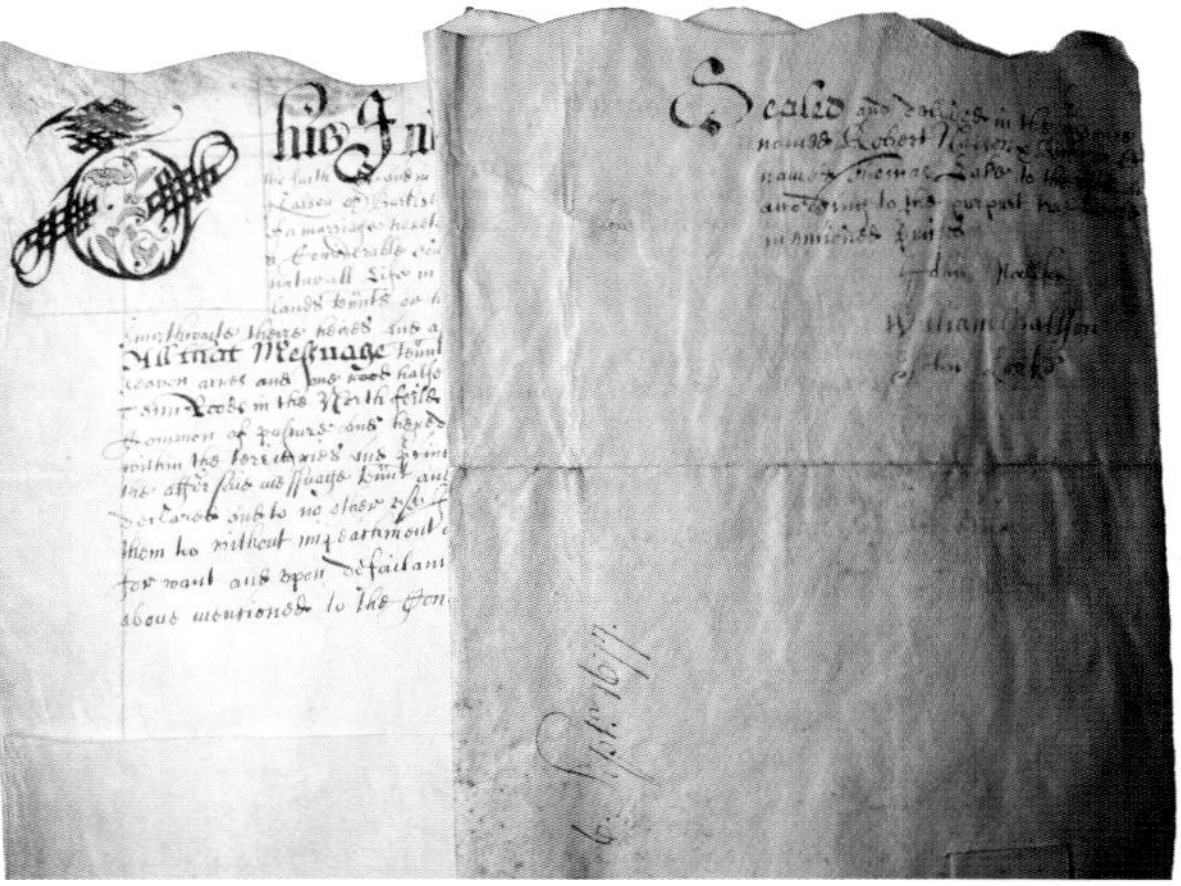

図 1-15　脂分が酸化して黄色っぽい．
筆写面は白いコーティング（ひつじ皮，1677 年イギリス）

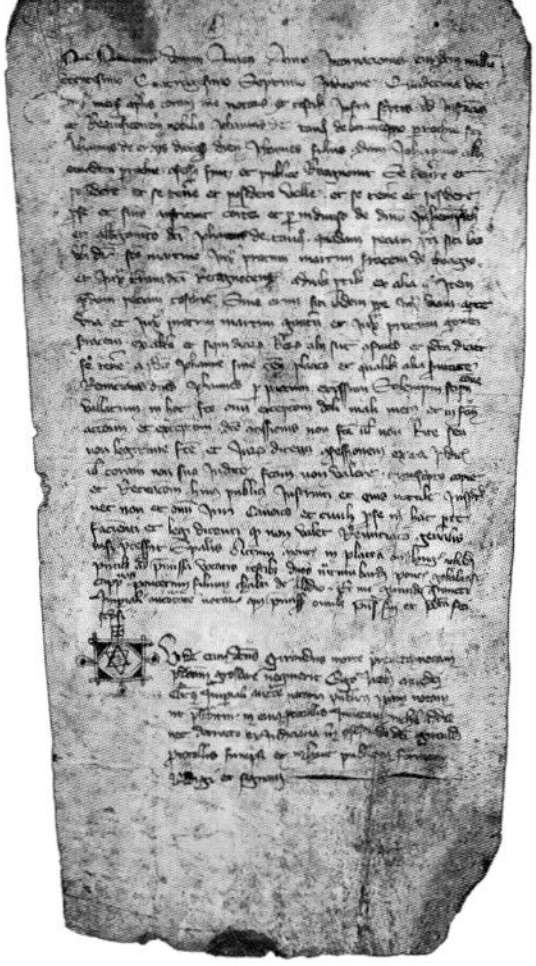

図 1-14　ひつじ皮の文書
（1347 年イタリア）

図 1-17　ベルベット状に毛羽立たせている
（仔牛皮，1450 年頃ライン地方）

図 1-16　仔牛皮の写本
（1450 年頃フランドル）

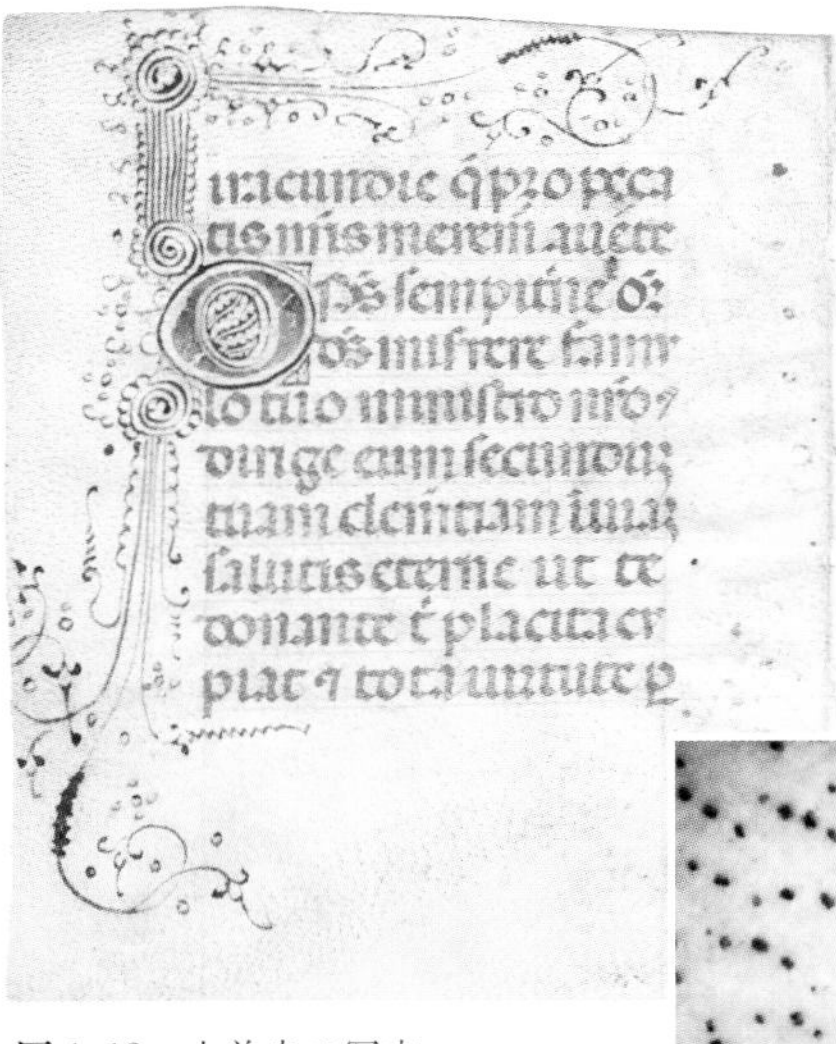

図 1-18　山羊皮の写本
（1450 年頃イタリア）

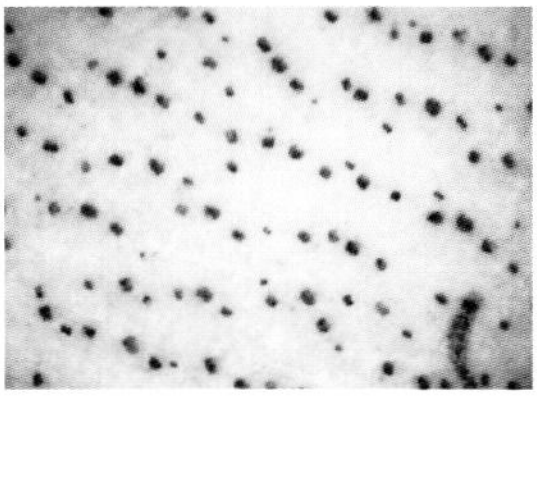

図 1-19　拡大すると
毛穴が見える

図 1-20　山羊（ビュフォン『博物誌』1755 年）

③ 山羊皮

最後に山羊。山羊皮の特徴は、寒色系の白さと、際立つ毛穴でしょう。表面全体にボツボツと毛穴がある場合が多く見られます。まるでみかんの皮のよう。

図1―18の写本は、一五世紀イタリアの祈禱書。山羊皮で作られており、毛穴の特徴がはっきりと見えます。拡大すると髭剃りの跡みたいですよね（図1―19）。ただ、表面処理具合や部位、個体差により、毛穴がそれほど目立たないものもあるため、あくまでも一般的な特徴といったところです。

地域的にはイタリアやビザンツ（現トルコやギリシア）の写本で、山羊皮が多用されていました。地中海沿いの地域で多く飼育され、食されていたのでしょうね。羊皮紙の原料となるのは、いわば食肉の副産物であるため、必然的にその地域で飼育され、食されている動物の皮が主に用いられます。

3　羊皮紙ができるまで――前半工程

では、羊皮紙がどのように作られるのかを見ていきましょう。現代では羊皮紙作りも工業化が進んでいますが、昔ながらの手作りの方法にスポットを当てます。次頁に掲載する中世ヨーロッパの製法をベースにし、イスマイルさんの工房の様子ものぞきながら羊皮紙ができる工程をご覧ください。

羊皮紙作りは一言でいうと、毛深く分厚い動物の皮膚を、ひたすら削って乾かし、ペラペラな「紙」にするという作

図 1-21　イスマイルさんの工房．遠景の山頂には図 0-1 のペルガモン図書館遺跡がある

12 世紀頃ボローニャの羊皮紙製法[2]

「山羊の原皮を水に一昼夜浸しておく．水から引き上げ，流水で洗う．水が透明になり汚れが出なくなるまで続ける．水槽に水と消石灰を入れ，よくかき混ぜて白濁液を作る．

毛がついた方を外側にして原皮を半分にたたんでこの溶液に浸す．1 日 2〜3 回棒で皮を動かしかき混ぜる．8 日間浸したままにしておく（冬は 2 倍の長さ）．

次に，皮を取り出して毛を取り除く．水槽の溶液を捨て，先と同様のプロセスを同量の新しい消石灰溶液で繰り返す．皮は 1 日 1 回棒で動かし，先と同じく 8 日間浸しておく．

皮を取り出し，水が透明になるまで皮をよく洗う．きれいな水のみが入った水槽に皮を浸し，2 日間置く．

皮を取り出し，紐をつけて円形枠に縛り付ける．乾かす．そして鋭利なナイフで表面を削る．その後さらに 2 日間日陰で乾かす．水で湿らせ，肉側を軽石の粉で磨く．2 日後，少量の水を肉側に振り掛けて再び湿らせて軽石の粉で磨き，さらに水で濡らす．紐をきつく締めて張力が均等にかかるよう調整し，シート状に固定する．乾いたら完成である．」

(A recipe for making parchment. British Library, Harley MS 3915, fol. 148r.)

業。皮の両面を削り、体外・体内からの影響が少ない、中心部の「清い」層を削り出します。

① 原皮をよく洗おう

屠畜場で剝がれた新鮮な皮をすぐに処理することが理想的なのですが、ほとんどの場合はそうすることができません。そのため、腐ってしまわないように原皮は粗塩をまぶして乾燥させてあります。

図 1-22 原皮

この時点では土やエサの残り、血液、糞、虫の死骸などが付着しているため、まず塩とともにそれらの汚れを徹底的に洗い落とすことがポイント。完全とは言わずとも、ある程度汚れを落としておかないと、後工程で付着物が腐って悪臭を放ったり、皮自体を傷めてしまったりすることがあるからです。

図 1-23 工房裏の小川

イスマイルさんは、工房裏にある小川に皮を浸して洗浄しています。中世ヨーロッパなどでも、原皮洗浄のため羊皮紙製造所は川沿いにあったそうです。

単に汚れを落とすためだけでなく、数日間浸しておくことで川の水中に生息するバクテリアにより表皮組織が分解され、脱毛促進効果もあるといわれます。

② 石灰浸け

次の工程は「脱毛」。さすがに毛が生えていたら、文字が書けませんからね。

水の重量に対して約一〇パーセントの消石灰を入れて、アルカリ性(pH11~12)の水溶液を作ります。消石灰とは、園芸などに用いられ、かつては学校の運動場のライン引きにも使われていた白い粉のこと。そこに皮を浸けておくと、アルカリの作用で毛穴がゆるんで簡単に毛が抜けるようになります。また、表皮の組織が分解されて、脂肪などの余分な物質が除かれる効果も。イスマイルさんの工房手前には、消石灰製造工場があります。

皮を石灰液に約八日間浸けておきます。浸ける期間は気温によって様々。夏は五日でよいときもあれば、冬は一〇日ほどかかる場合も。反応の偏りを避けるため、毎日少なくとも二~三回木の棒でかき混ぜることが必要です。毛に絡まっていた汚れなどが溶け出し、真っ白だった石灰液が次第に濁った汚泥状態に。指で毛をつまんで抜けるようになったら、ちょうどよい頃合いです。

図 1-24　工房の手前にある消石灰製造工場

図 1-25　石灰槽

図 1-26　石灰槽から皮を引き上げ

③ 脱毛・肉削ぎ・脱脂

しっかりと石灰液が浸透していれば、毛がズルっと剝がれるようになります。「ビーム」と呼ばれる太い丸太に皮を乗せて、軽く弓なりにカーブした「せん刀」で毛を抜きます。これは、弓なりの凸側に鋭利な刃があり、凹側がにぶくなっているナイフ。イスマイルさんが幼少の頃恐れていた刀ですね。毛を抜く際は、にぶい凹側を使い、押し出すようにすると毛がまとまってモソっと抜ける優れもの。

ただし、表皮の腐食と汚物の発酵で、この作業がニオイのピーク。ツーンとしたすっぱい臭いとドヨーンとした腐食臭が鼻を衝きます。精神的にきつい工程なのです。イスマイルさんは外で作業をするためニオイはそれほど気になりません。

毛が抜けたら皮を裏返し、肉や脂肪が付いている面もせん刀できれいにします。肉や脂がゴソっと取れる。大ごちそうを期待して、イスマイルさんの後ろにはいつも猫ちゃんが待機しています。（ただし、口にするのは石灰浸け前の下準備で削いだ新鮮な肉だけの模様。）

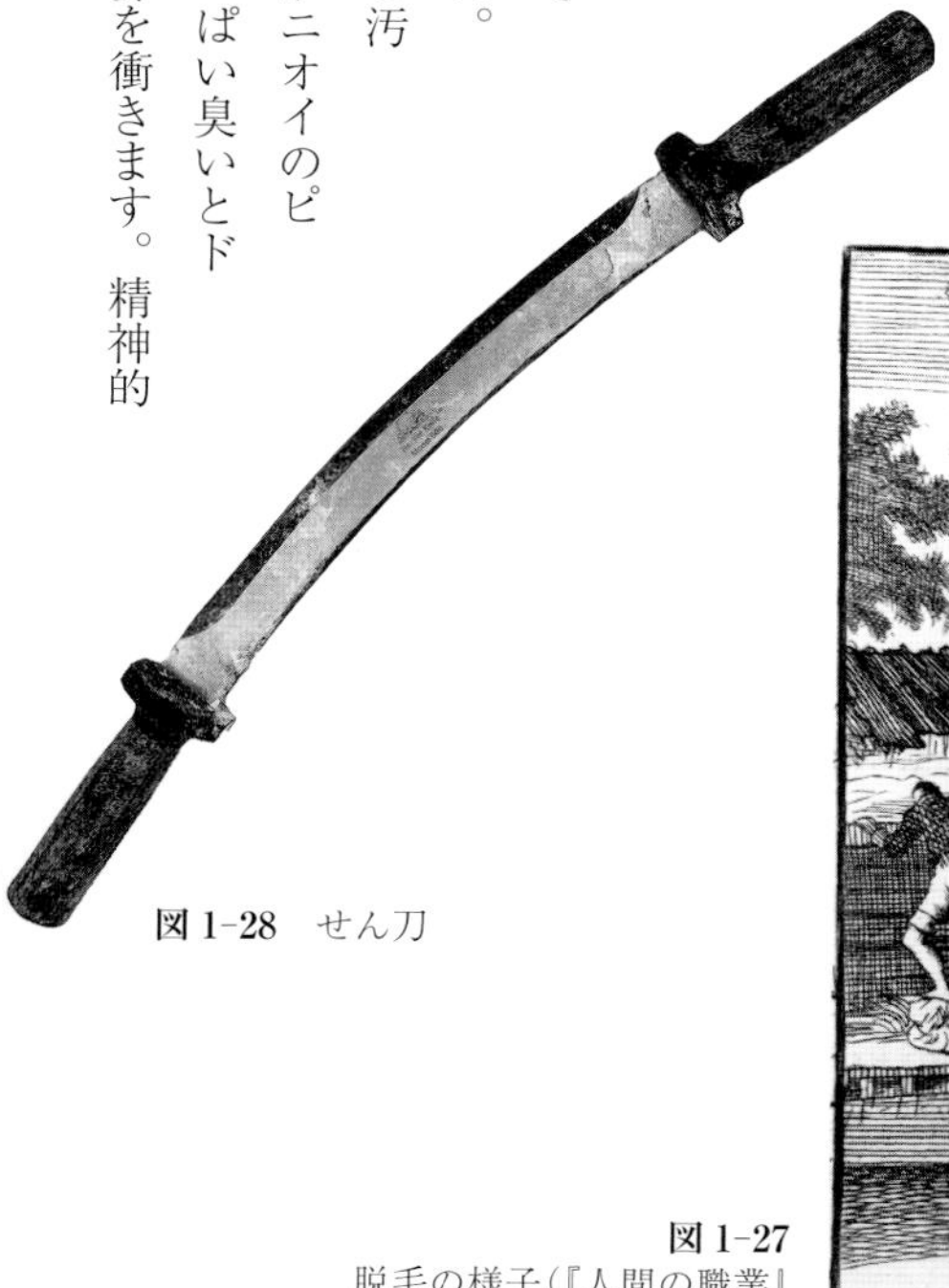

図 1-28　せん刀

図 1-27
脱毛の様子（『人間の職業』1694 年アムステルダム）

図 1–29　肉削ぎ作業をするイスマイルさん（後ろに何かが）

図 1–30　後ろで待機し、肉ゲット

④ さらに脂抜き

脱毛と肉削ぎが無事終わったら、再び石灰液に約八日間浸して脂を抜きます。

ひつじは特に脂が多いため、この工程を省くととても脂っぽい羊皮紙になり、インクを弾いてしまいます。また、脂が酸化して黄色っぽくなることも（その色味がよいという人もいますが）。よい羊皮紙を作るには根気と時間が必要なのです。

再石灰浸け後は皮がアルカリ性になっているため、きれいな水に一日～二日間浸して中和します。

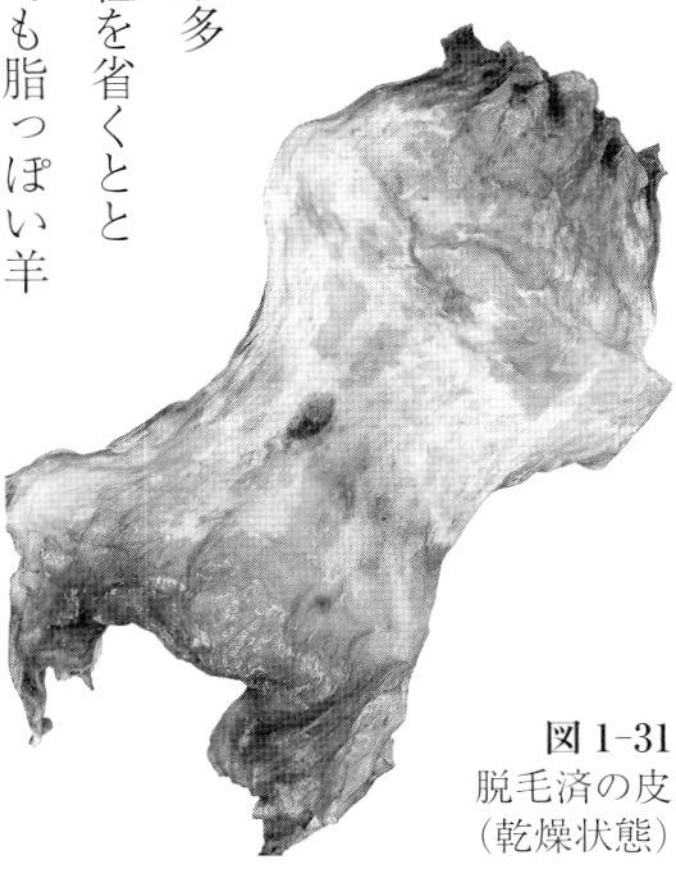

図 1–31
脱毛済の皮
（乾燥状態）

4　木枠に張って、削って乾かす
——後半工程

これまでは基本的にレザーの作り方と同じですが、ここからは羊皮紙特有の工程となります。

⑤ 皮を張り付けて伸ばす

図 1-32
板に皮を張り付ける

図 1-33
コルクにクギを取り付けた道具で留める

きれいになった皮は、そのまま乾燥させると図1—31のようなシワが寄ったプラスチック状になってしまうため、しっかりと伸ばして乾燥させることが必要です。

その方法は、地域や時代により異なります。

イスマイルさんが実践するのは、木の板の上に皮を伸ばしながらクギ付けにする方法。クギだけだと皮が裂けてしまうため、ワインのコルクにクギを挿し込んだ道具を使うことで、コルクが皮をしっかりと押さえます。

一方ヨーロッパでは、木枠に張る方法が一般的。中世の記録には、長方形の枠と円形の枠の使用が記されています。ここでは、最も一般的だった長方形の枠について説明しましょう。

まずは皮の縁に小石を包み、そこにヒモを結び付けて、てるてる坊主のような状態に。木枠には穴が空いており、木製の取っ手が挿し込まれています。取っ手にヒモを取り付けてグルグルと回していくと、ヒモが巻き取られていく。このヒモは皮の周囲に二〇か所ほど取り付けてあり、ヒモが巻き取られると皮が四方八方に引っ張られる仕組みです。

こうして皮を引き伸ばすことで、立体的に絡み合っていたコラーゲン線維が平面に並ぶようになり、羊皮紙ならではのパリっとしたハリのある質感となるのです。

また、皮を伸ばさずに乾かすと半透明になってしまうのですが、伸ばすことで不透明にするという目的もあります。ビニール袋を親指でグイーっと押すと白く不透明になるのと同じ原理です。

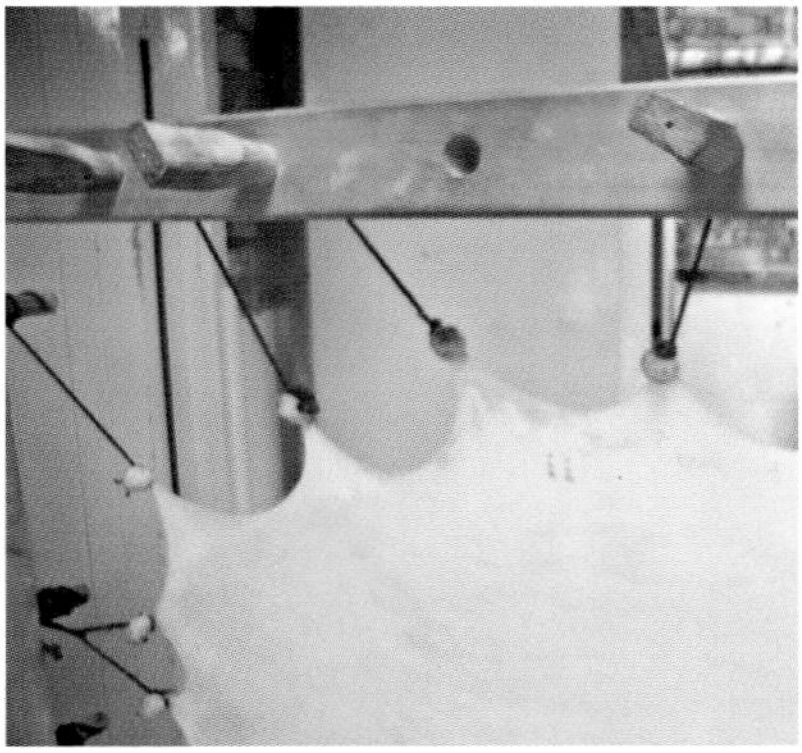

図 1-34　木枠の取っ手
（イギリス，ウィリアム・カウリー社）

図 1-35　デンマーク王立図書館ユージ・ヴヌーチェク氏による各種木枠の再現（画像提供：Jiří Vnouček）

⑥ 半月刀《はんげつとう》で皮を削る

イスマイルさんの方法では、板の上で乾燥させるだけで完成です。元々薄めの皮を使っているため処理も簡単で済むのですが、表面処理は最低限に留まります。木枠を使用する場合は、ナイフで皮を削っていきます。

そのために使う道具は、刃の部分が半円形になっているナイフ「半月刀」。別名「ルネラム」とも呼ばれるものです。

刃先を皮に対して直角に当て、全身を使ってナイフを上下に動かして削っていきます。皮が含む石灰液や脂分を絞り出すとともに、残っている肉片や脂肪、筋膜などを削ぎ落とす作業。この時点で皮の厚さは一ミリほどで、ゴムのような弾力もあるため、力を込めて削っても破れません。作業中徐々にヒモが緩むので、取っ手を回して皮のテンションを調整しながら、両面ともきれいになるまで行います。外界に曝されていた層と、肉と脂肪で覆われていた層を除去することで、けがれのない清らかな層を削り出す——無骨な原石から輝く宝石を削り出すようなイメージですね。

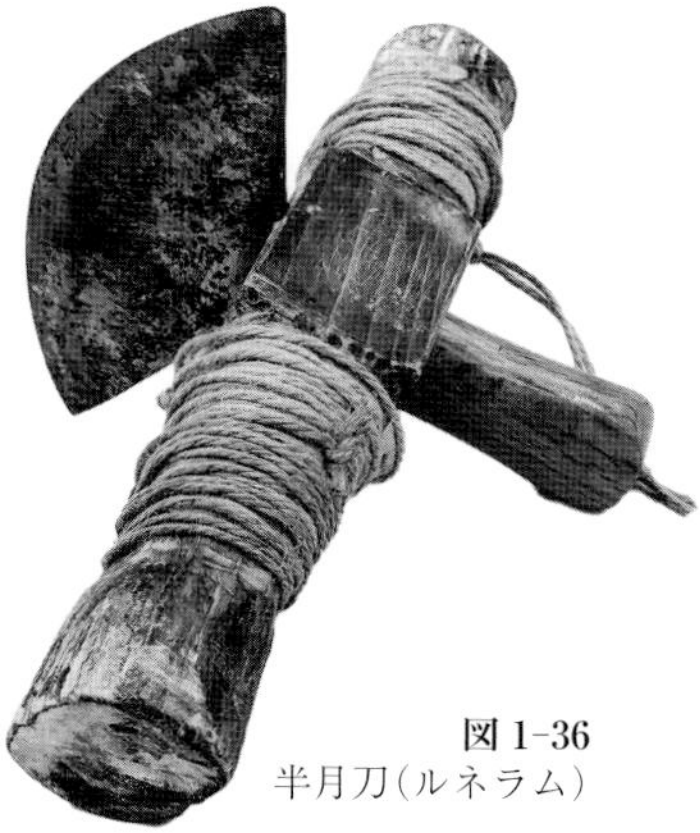

図 1-36　半月刀（ルネラム）

図 1-37　削りの様子（『人間の職業』1694 年アムステルダム）

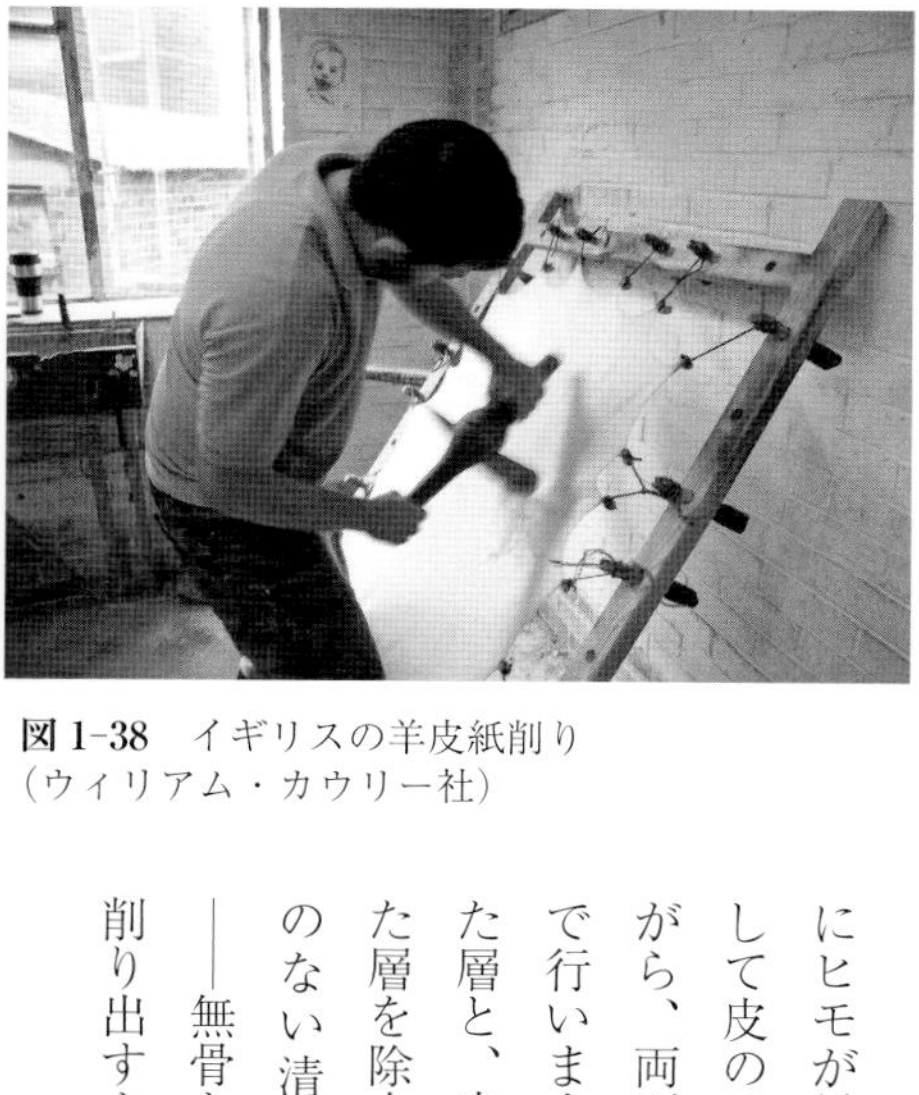

図 1-38　イギリスの羊皮紙削り（ウィリアム・カウリー社）

ただし、地域や用途によっては、片面のみを処理する場合も少なくありません。

このようにして、羊皮紙の表裏が整えられます。元々毛の生えていた面は「毛側」や「ヘアサイド」、身体の内側に接していた面は「肉側」や「フレッシュサイド」と呼ばれます。「フレッシュ」とは、ジューシーな肉が付いていたから「Fresh」なのではなく、「肉体」を意味する「Flesh」ですのでお間違いなく。「毛側」はプラスチック感があり耐水性が高く、「肉側」は若干カサカサとしていて吸水性が高いことが特徴です。ただし、皮を削れば削るほど、毛側と肉側の差異は小さくなります。また、第四章(九二〜九三頁)で説明するように、どちらを「表」としてどちらを「裏」とするかは、用途によって異なります。

⑦ 入念な仕上げ

約二日間風通しのよい日陰で乾燥させた後、表面を若干湿らせ、軽石でこすって仕上げをします。

お風呂場で足裏を美しく整えるために使うのは何でしょう？ そう、軽石ですね。羊皮紙の表面を整えるのも同じ。羊皮紙作りは皮を美しく整える作業――文字通り「スキンケア」なのです。

軽石を使って皮をこするとコラーゲン線維がボロボロと落ち、まるで消しゴムのカスのよう。まさにアカスリ状態。表面を湿らせずにこの作業を行うと、細かい削り粉が飛び散り、マスクをしていないと咳き込んでしまいます。さらに、ここで油断をすると穴が空いたり破れたりして使い物にならなくなるため、とっても神経を使う作業なのです。

白く不透明にするために、白亜の粉(炭酸カルシウム)を全体に擦り込みます。スキンケアには美白も欠かせませんよね。最後に、水で濡らせた布で表面を拭いて毛羽立った表面を落ち着かせ、乾燥させます。最終的に、用途に合わせて入念な表面処理を行います。インクが馴染むように表面の粗さを調整したり、ある地域では滲み止めのために「石灰、小麦粉、樹脂を卵白と牛乳で溶いたもの」をコーティングしたりすることもあったようです。

図 1-39 研磨に使用する軽石

5　やっと完成――サイズと値段は？

木枠から切り離して、羊皮紙一頭分が完成します。石灰浸けや乾燥などの放置期間も含め、最短でも三週間、条件によっては一か月ほどもかかるのです。では、ここからどの程度の「用紙」が採れるのでしょうか。

羊皮紙自体のサイズは、もとの動物の大きさや月齢などによって異なります。たとえば、イスマイルさん作の羊皮紙(図1―40)から採れる長方形は六〇×四五センチでほぼA2サイズ。つまり、ここから採れるA4サイズは四枚となります。

約一か月かかって、ようやくA4四枚……。もちろん、何枚も並行して作るためそれなりの生産量は確保できますが、それでも大量生産とは到底言えませんよね。

さて、このようにしてできた羊皮紙は、一体どのくらいの金額なのでしょう。

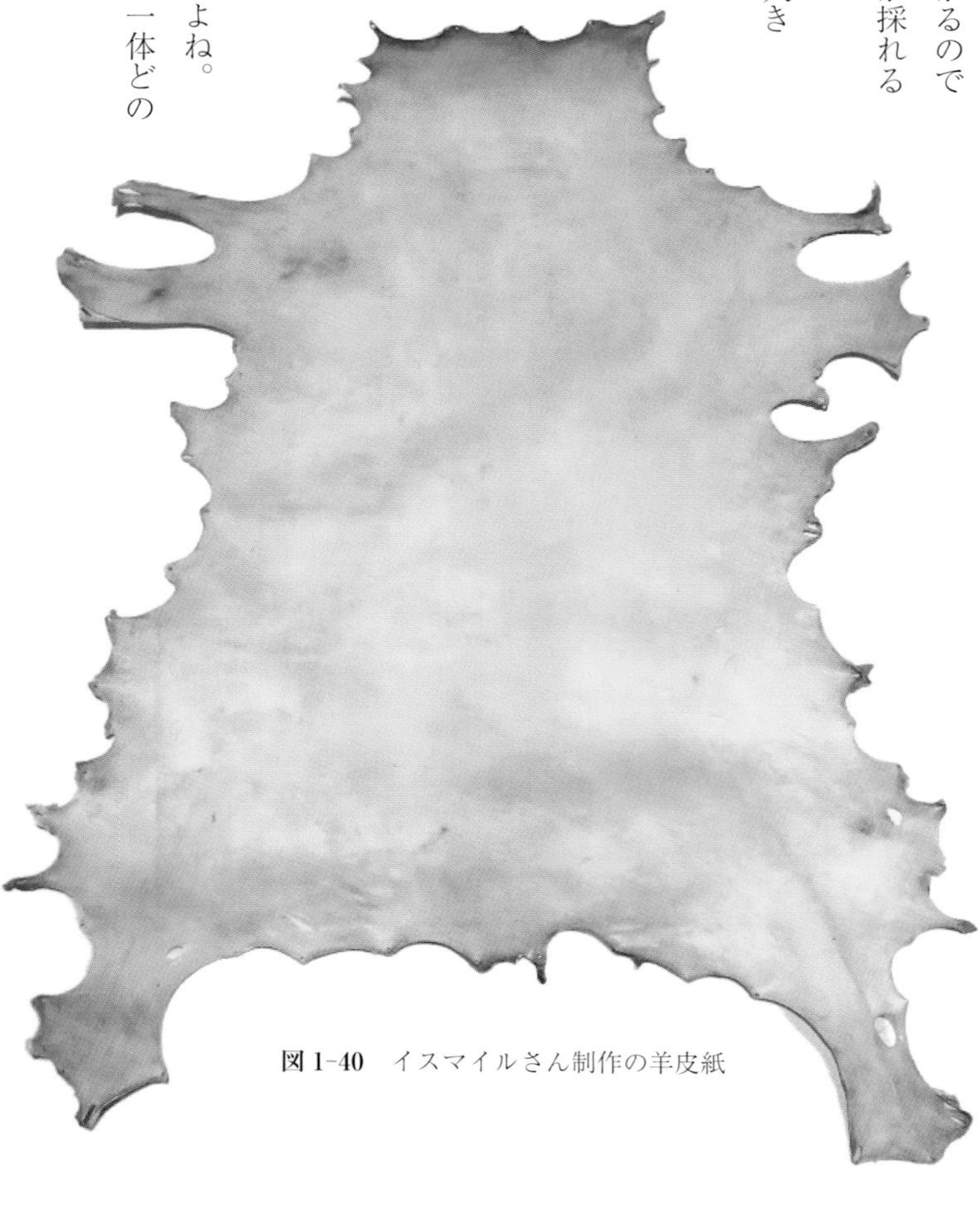

図1-40　イスマイルさん制作の羊皮紙

たとえば、現在日本で同等サイズの羊皮紙を手作りするとなると、原皮代三〇〇〇円と仮定して、実働五時間、時給一五〇〇円とすると、一頭分の人件費は七五〇〇円。さ

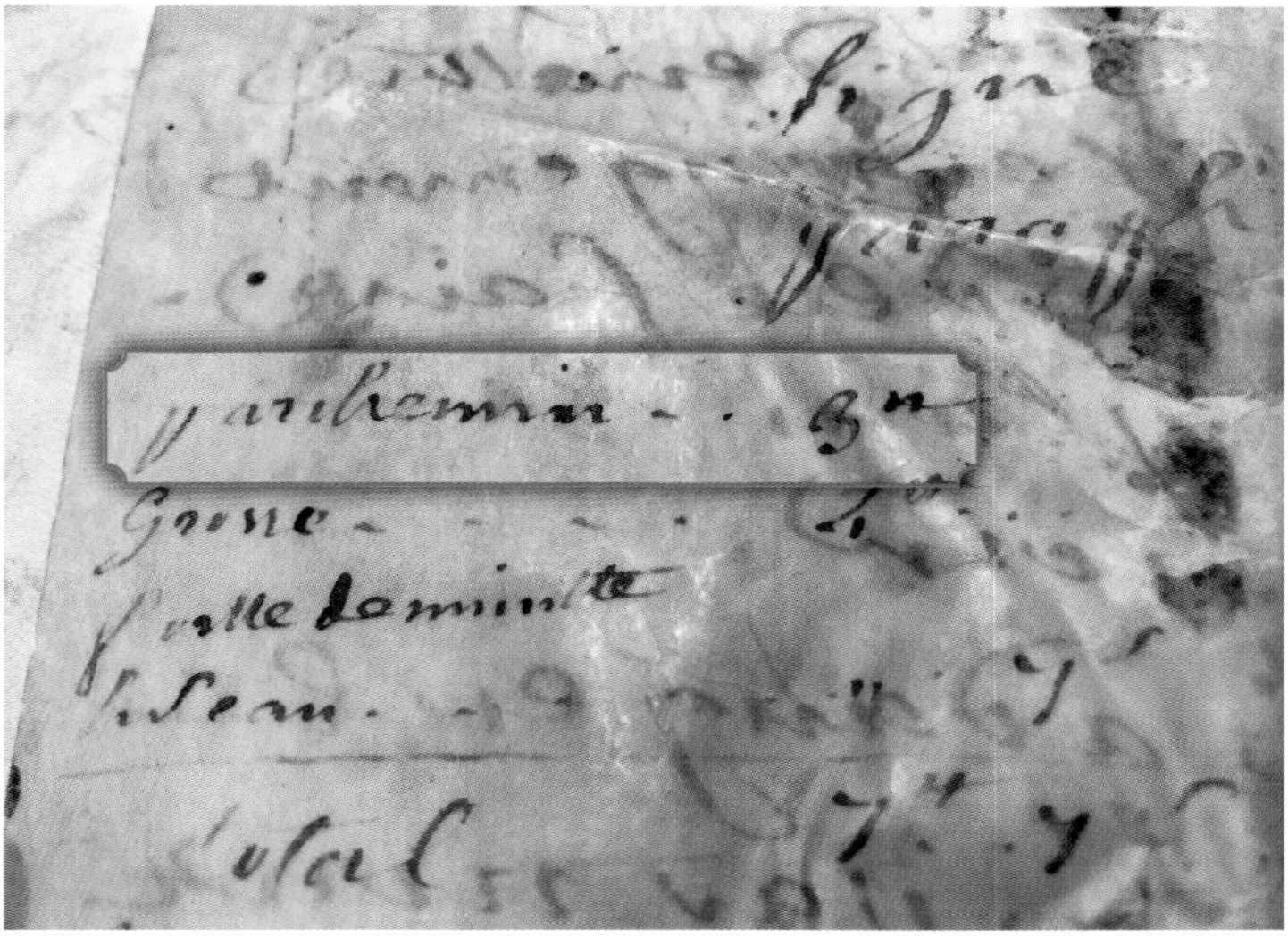

図 1-41　羊皮紙代が書いてある（1758 年トゥール）

らに原皮の送料や石灰代など材料費、作業場所の家賃や利益をざっくり加算すると、一頭分約一万二〇〇〇円となります。A4サイズが一頭から四枚採れるとなると、A4一枚三〇〇〇円です。なお一五世紀イングランドの物価記録を基に、現代の日本円の価格感で当時の羊皮紙の値段を大まかに計算すると、A4一枚二二〇〇円程度の価値だったのではないかと推測できます[3]。当時も羊皮紙は高級品だったのですね。

　実際に、羊皮紙の値段が明記されている記録も残っています。図1－41に示した文書は一八世紀フランスの文書。欄外に、文書制作にかかったコストが記録されています。B4相当サイズの羊皮紙三枚綴りの文書で、「羊皮紙　三リーブル」との記載が。つまり、B4サイズ一枚はちょうど一リーブルとなるため、ざっくりと日本円に換算すると、五〇〇〜一〇〇〇円程度だったようです。

　「羊皮紙の値段」と一言でいっても動物種や品質、生産量、仕上げの有無、流通マージンなど様々な要素で異なりますので、あくまでも大まかな目安といったところ。とはいえ、一枚一円程度のコピー用紙の数百倍から数千倍も値が張るということはおわかりいただけましたよね？

6　ペラペラ？　ゴワゴワ？――羊皮紙の厚さ

普通の「紙」でも、種類によって厚さは様々。ちなみに、はがきは約〇・二三ミリ、コピー用紙や千円札は約〇・一ミリ、そしてティッシュペーパーは約〇・〇八ミリ。

ところが、「羊皮紙」はというとあまりにもイメージがぼんやりしていて、どの程度の厚さなのかいまいちピンと来ないのではないでしょうか。一般的には通常〇・三ミリ、厚めのもので約〇・四～〇・五ミリ、薄いものだと〇・一～〇・二ミリです。羊皮紙の平均的厚さは千円札三枚、「三〇〇〇円分」と覚えておきましょう。

植物紙を作る際の紙漉きは、繊維を重ねて厚くしていく工程ですが、羊皮紙作りはその真逆。元々一ミリほどの厚さの原皮から、五～八割もの厚さを削り落として薄くして

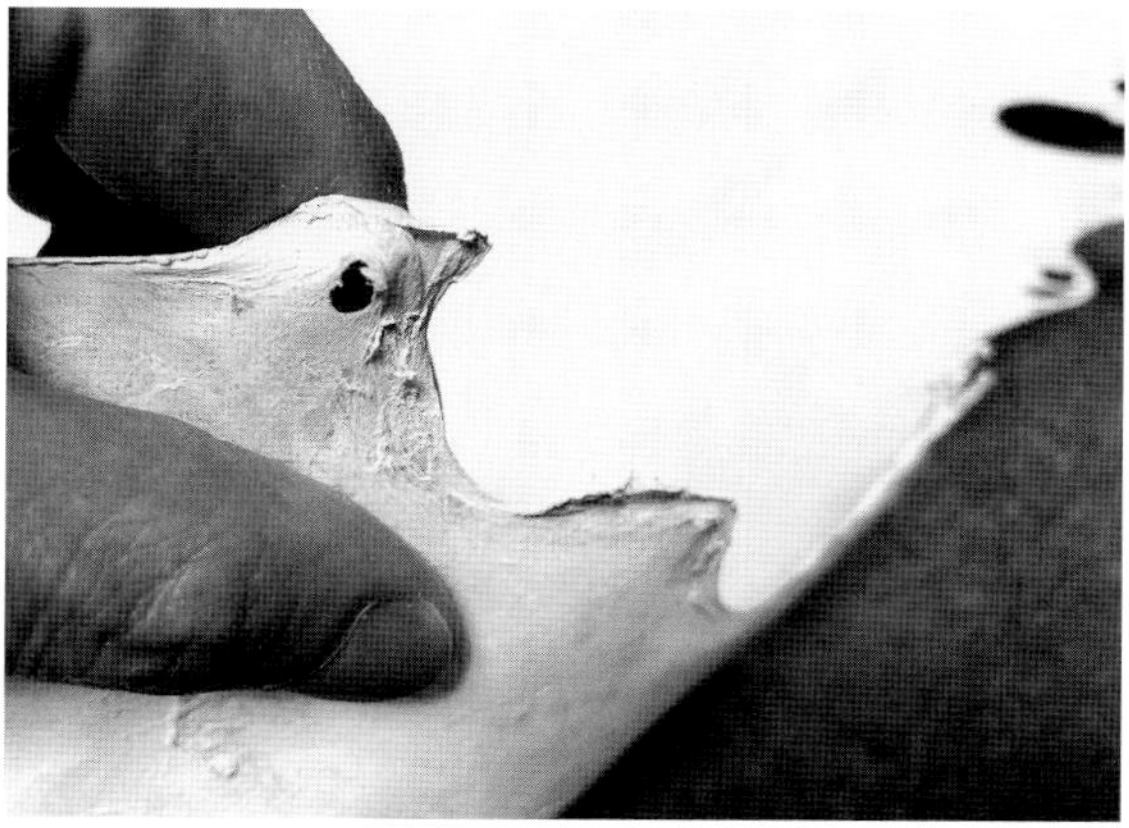

図 1-42　作りたての羊皮紙（イスマイルさん作）

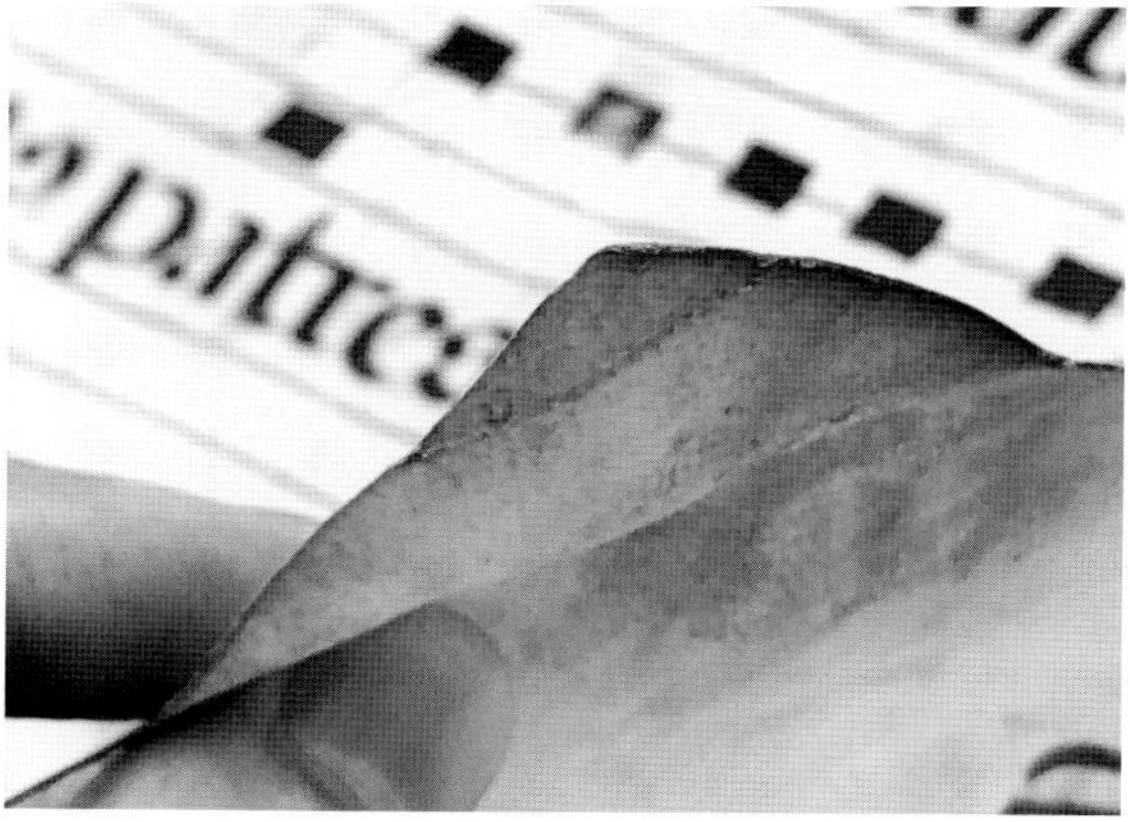

図 1-43　分厚い楽譜の羊皮紙（16 世紀スペイン）

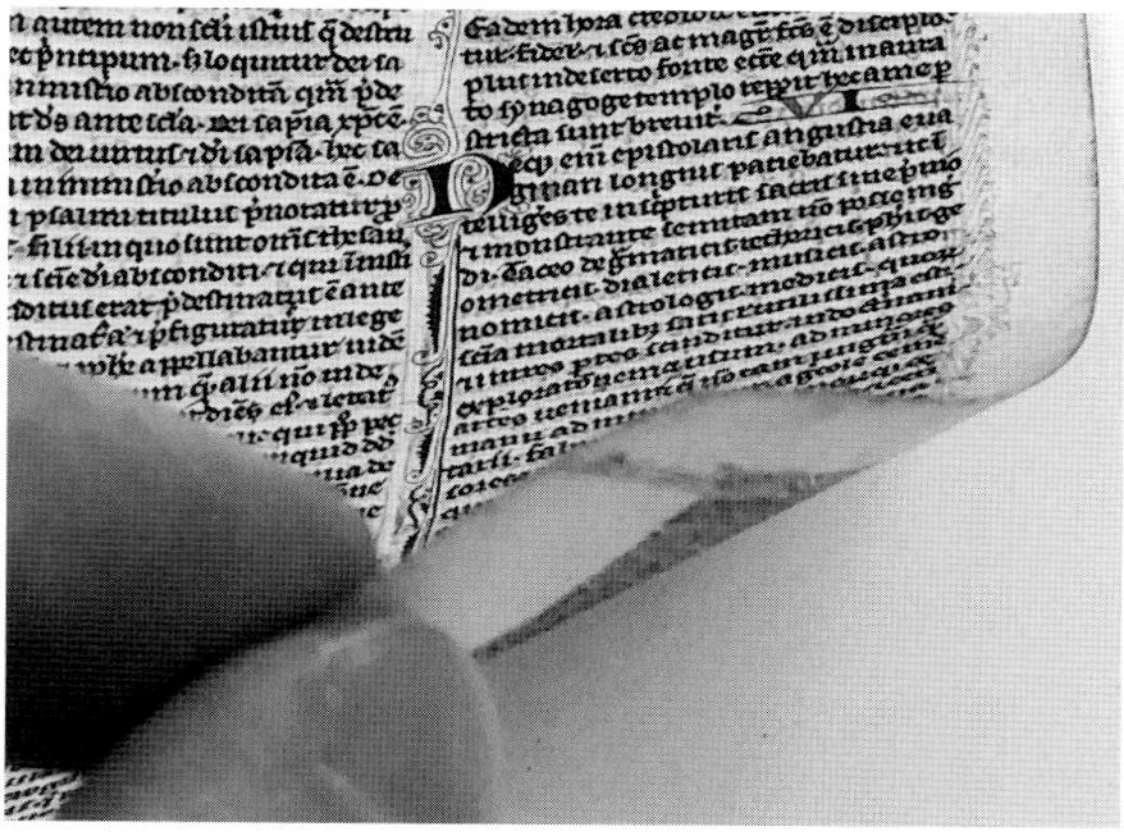

図 1-44　極薄の羊皮紙（13 世紀パリ）

いく工程なのです。適切な厚さは用途により異なります。中世～近世において、教会や修道院で使う大きな楽譜は、分厚く丈夫な羊皮紙（約〇・四ミリ）を使用。証書類も耐久性重視で、中厚のもの（約〇・三ミリ）が主流です。一般的な冊子本は、本自体の厚さを抑えるため、薄めの羊皮紙が使われていました（約〇・二ミリ）。

はたして羊皮紙は、どのくらいまで薄くできるものなのでしょうか。

最も薄いレベルで、〇・〇四ミリ厚のものがあります。なんと二枚重ねのティッシュペーパーをさらに薄い一葉に分割したものと同じ薄さなのです。

次頁に実物大で掲載した写本は、このような聖書は、一三世紀中盤に流行した小型聖書（図1―46）。このような聖書は「ポケット・バイブル」と呼ばれ、パリやボローニャなど大学都市で流通していました。縦一二・二センチ、横八・二センチで、現代の文庫本よりもさらに小さい判型です。そのサイズに極小文字がびっしり――米一粒に余裕で五文字は入るほど。

それまで、聖書は比較的大型の書物で数冊に分冊されることが常でした。一三世紀までに各地で大学が設立され、書物を持ち歩くことが必要となり、本が小型・軽量化されていきました。

通常の羊皮紙と比較して五分の一もの薄さであると考えると、かなりの手間をかけて作っていることがわかります。羊皮紙作りは分厚い皮をひたすら削ってゆく作業。薄くする方が大変なのです。

その羊皮紙へのこだわりと、羽ペンで極小文字を書く写字職人の技術の集大成である書物「ポケット・バイブル」。そのおかげで、神の言葉を気軽に持ち歩けるようになったのです。各地を移動しながら福音を宣べ伝える托鉢修道会の修道士たちにも重宝されました。

これはまさに「モバイル革命」

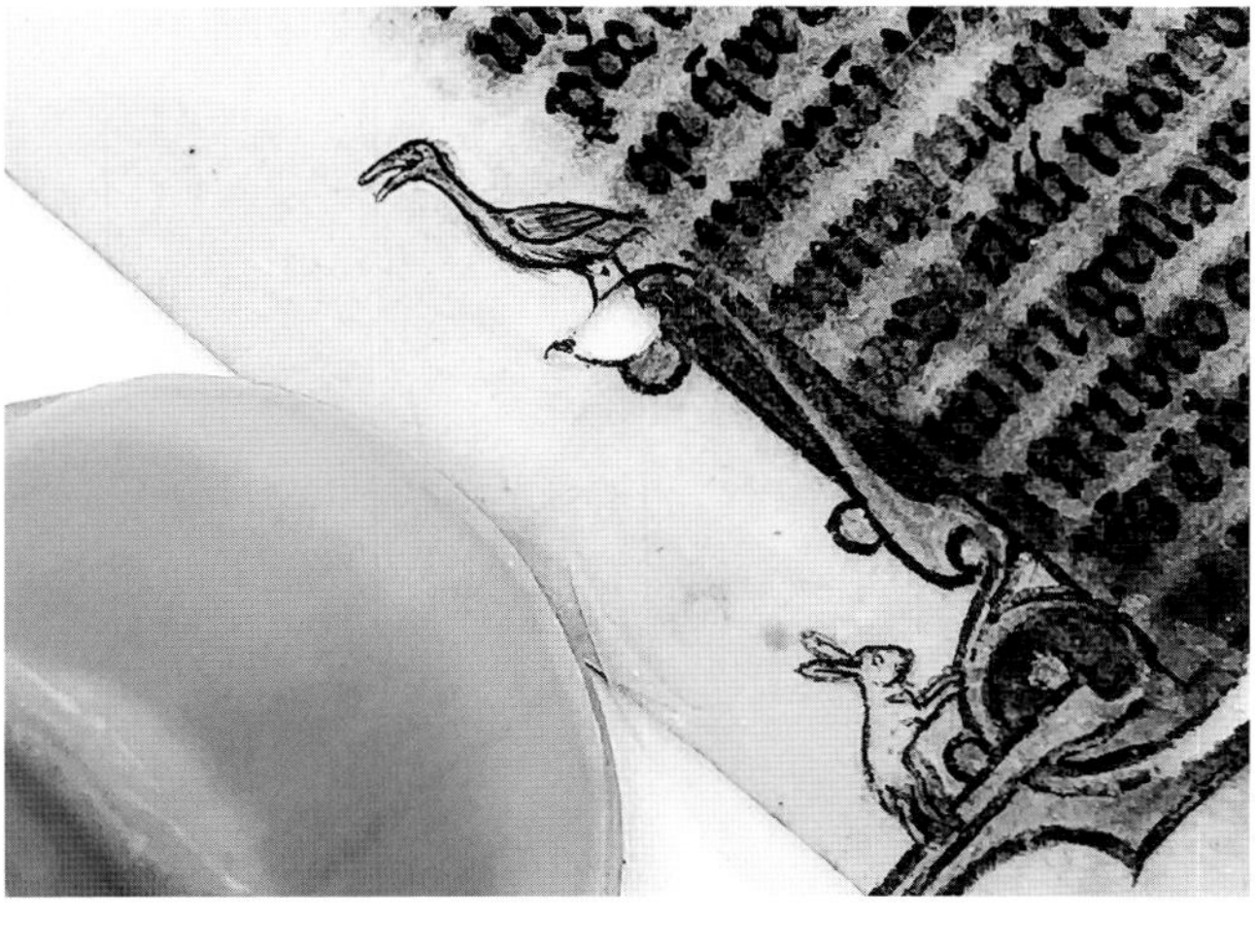

図1-45　鳥とウサギの極小挿絵（人差し指と比較）

図 1–46　ポケット・バイブル(13 世紀パリ)．実物大

といっても過言ではないでしょう。かつて大型スーパーコンピューターだった情報機器が、半導体の小型薄型化によりだれもが持ち歩ける「スマートフォン」になった——それに匹敵する情報革命といえるのではないでしょうか。羊皮紙職人の腕が、歴史を作ったのです。

ちなみに、どんなに小さくても装飾は欠かせないようで、小さな小さな動物たちが聖書の中で戯れています(図 1–45)。

7　羊皮紙特有の大問題――穴空きとその対策

かつては全てが手作業だった羊皮紙作り。現代の品質評価基準ではありえないような商品でも市場に流通し、使用されていました。その「ありえない品質」の羊皮紙とは？

穴空き羊皮紙……。

現代の感覚でいうと、コピー用紙に大穴が空いているようなものでしょうか。

しかし、羊皮紙を使用していた時代には、選り好みはできません。なにしろ羊皮紙は希少品。必要な枚数を調達するだけでも大変なのです。そこで、「手書き」の良さが発揮されます。穴を迂回して書けば、何の問題もありません。規格通りの用紙に規格通り印刷するには不向きですが、手書きの場合は臨機応変に対応できます。ただし、穴から覗く下のページの文章が若干紛らわしいのはご愛敬（図1―48）。

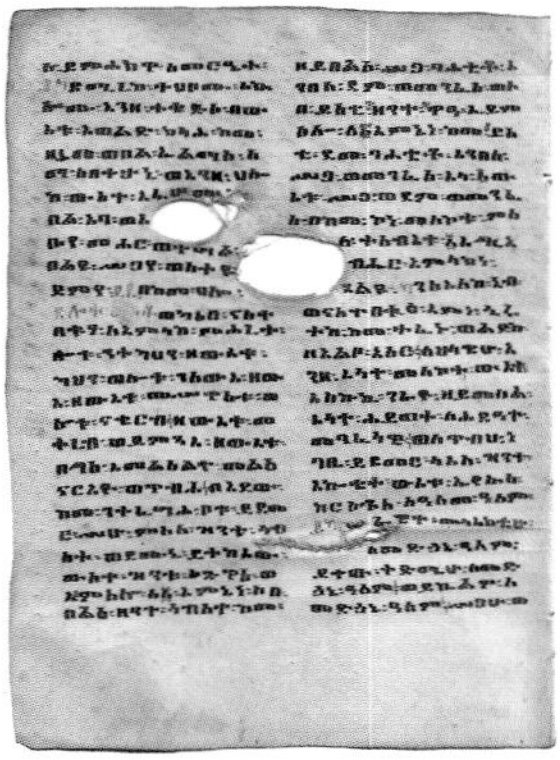

図 1-47　旧約聖書（19 世紀エチオピア）

図 1-49　祈禱書（1450 年頃ライン地方）

図 1-48　穴から下の文字が見える公文書（1644 年ノルマンディー）

図 1-50　契約書（1573 年フランス）

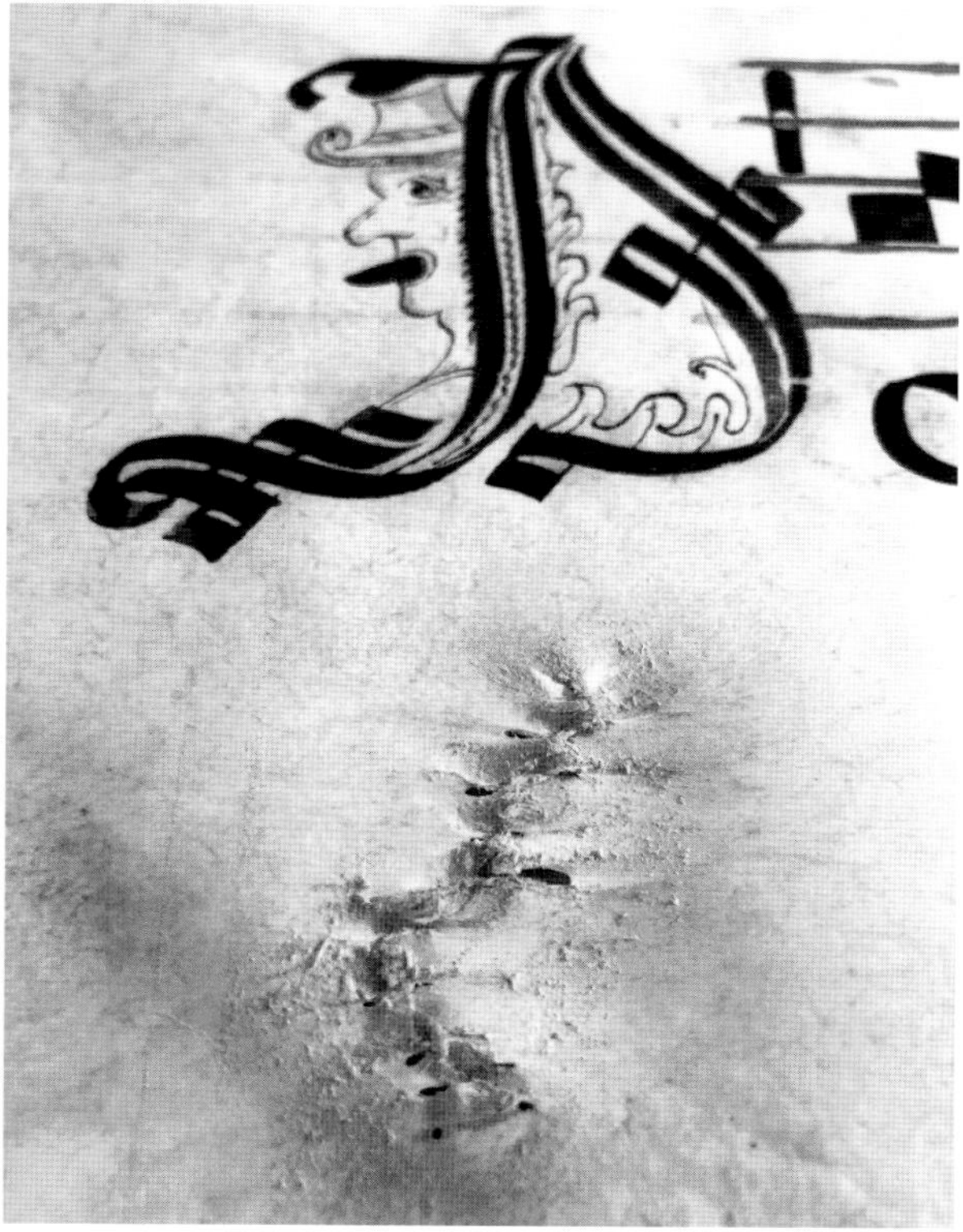

図 1-51　グレゴリオ聖歌楽譜（1609 年スペイン）

このような穴の大部分は羊皮紙職人のミスではなく、元々動物の皮に空いていたもの。元はケガの痕や、皮剝工程でついた小さな穴でした。しかし、針のような穴でも、木枠で皮を引き伸ばす工程で指が入るほどに広がってしまいます。ダメージは最低限に留めたい――そのために、羊皮紙職人は糸で穴をふさぐのです。まるで、大ケガをした際に皮膚を縫合糸で縫い付ける外科手術のように。

図 1-52
祈禱書（1450 年頃
ライン地方）

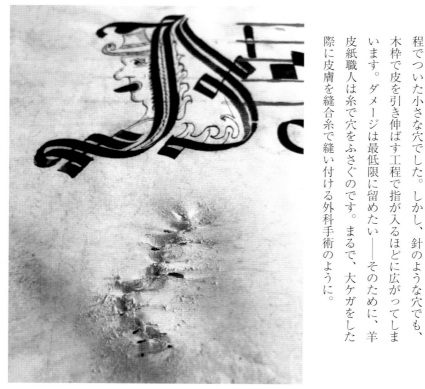

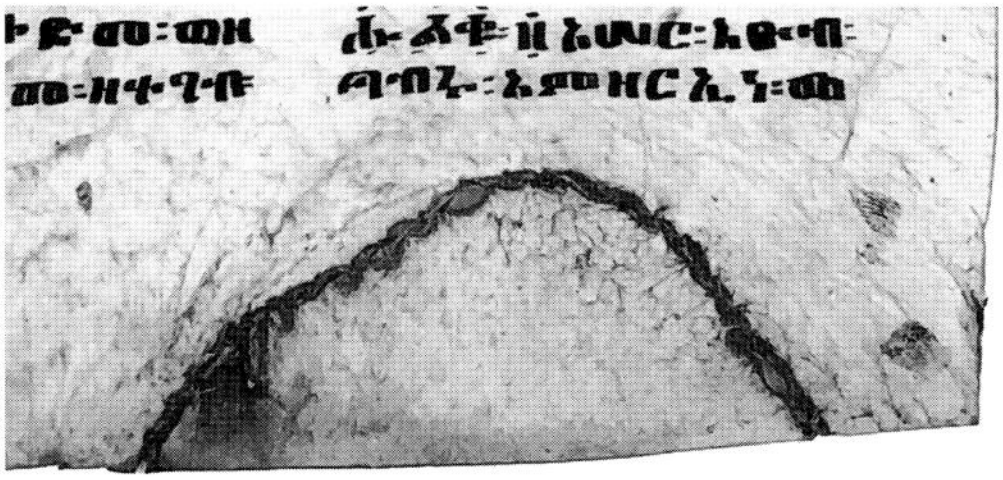

図 1–53　聖書（19 世紀エチオピア）

羊皮紙は元々動物の皮膚。皮膚が裂けたら縫合するのが自然ですよね？　ちなみに、羊皮紙が出来上がった後に、抜糸をする場合もしない場合もあります。多くの場合、縫い目を避けて文字を書きますが、中には勇猛果敢に縫い目に挑む強者も。何事もないかのようにブレない文字を書けることが腕自慢だったのでしょうか（図1―54）。

とはいえ、単なる修繕のためだけではなく、針と糸をもっとクリエイティブに使うことができるのも羊皮紙の魅力。傷を縫い付ける慣習が昇華され、羊皮紙の刺繍文化が誕生しました。図1―55の作品は一七〇〇年頃イタリアで作られた羊皮紙の作品で、「アルマ・クリスティ」（キリストの受難具）という伝統的モチーフを刺繍で表現したもの。十字架の上に横たわっているかわいらしい動物（図1―56）は、神の子羊イエス・キリストの象徴であるひつじです。縮れた羊毛も糸で巧みに表現しています。

災い転じて福となす。羊皮紙の穴をふさぐ技術が、芸術にまで発展した好例ではないでしょうか。

図 1–54　公文書
（1644 年ノルマンディー）

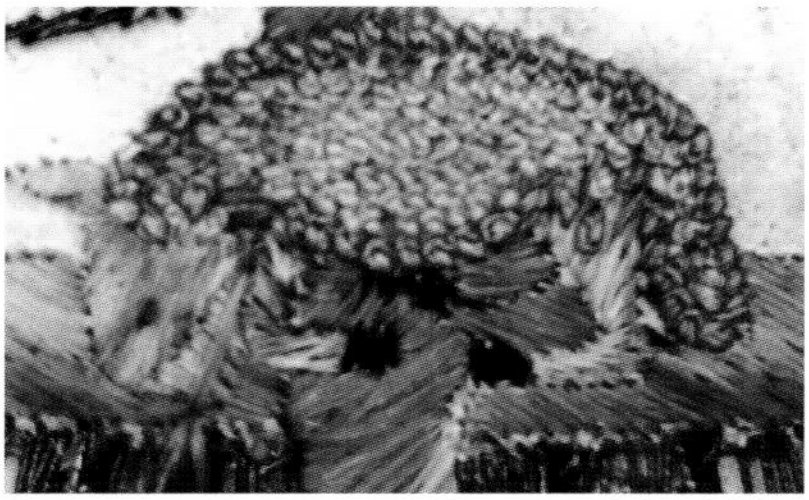

図 1-56　「神の子羊」(縮れた羊毛を表現)

図 1-57　約 1 ミリ幅の金リボンも使用した立体的な表現

図 1-55　刺繡された羊皮紙(1700 年頃イタリア)

図 1-58　ハートが燃えている

8　羽ペンだけなの？——使える筆記具と画材

「羊皮紙には羽ペン」というのが定番イメージですが、鉛筆やボールペンでも羊皮紙に書けるのでしょうか。水彩はどうでしょう。油彩は？　パステルは？

基本的に、何でも大丈夫。歴史的にも、様々な筆記具や画材を使った羊皮紙作品が作られています。なんとインクジェットプリンターで印刷もできるのですよ！

ただし、羊皮紙表面のテクスチャーは動物種に応じて異なり、それぞれ画材の向き不向きがあります。紙でも、「和紙に水彩画を描いたら滲んでしかたがない」、「ツルツルのコート紙にパステルは乗らない」という傾向があるのと同じです。

羊皮紙も、一般的にひつじ皮は和紙のようなカサカサ感

図 1–59　羊皮紙の水彩画（20 世紀オーストリア）．仔牛皮使用

図 1–60　羊皮紙の油彩画（20 世紀アメリカ）．仔牛皮使用

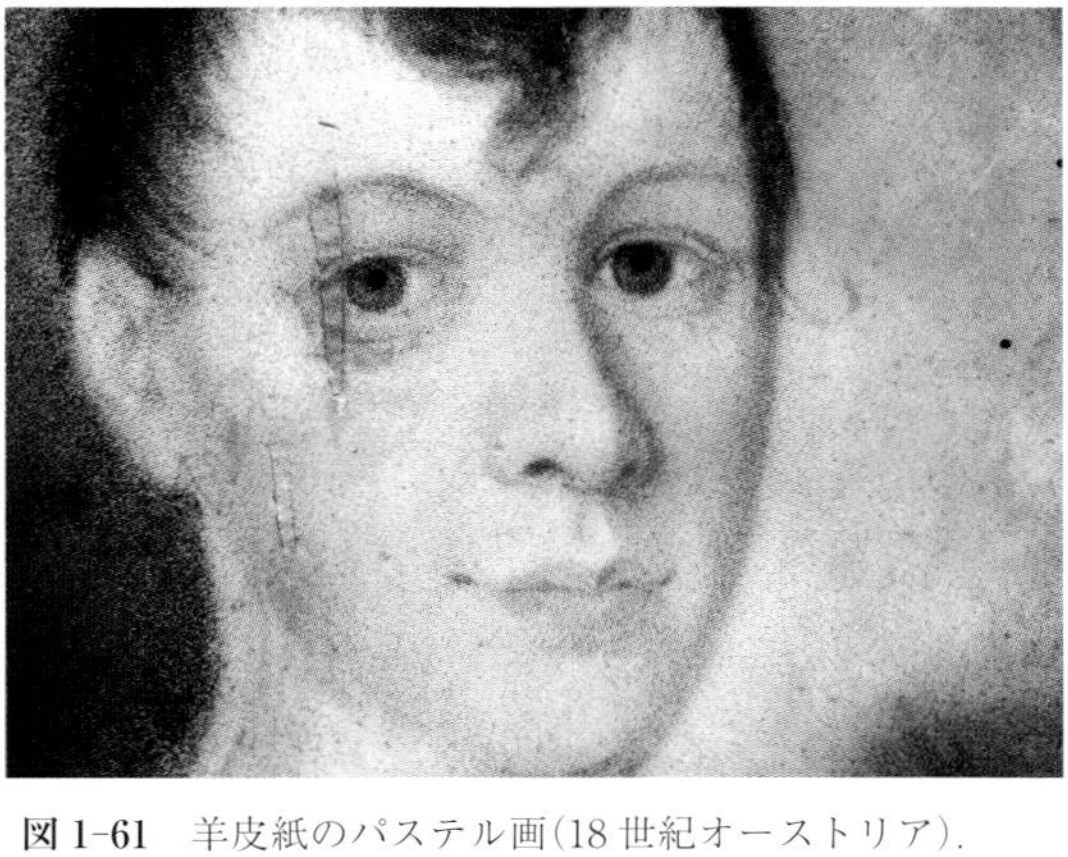

図 1–61　羊皮紙のパステル画（18 世紀オーストリア）．ひつじ皮使用

があり、仔牛皮はコート紙のような滑らかさが特徴。それをベースに、サンドペーパーで粗くしたり、ガラス瓶の底で研磨して平滑にしたりすることで、好みのテクスチャー

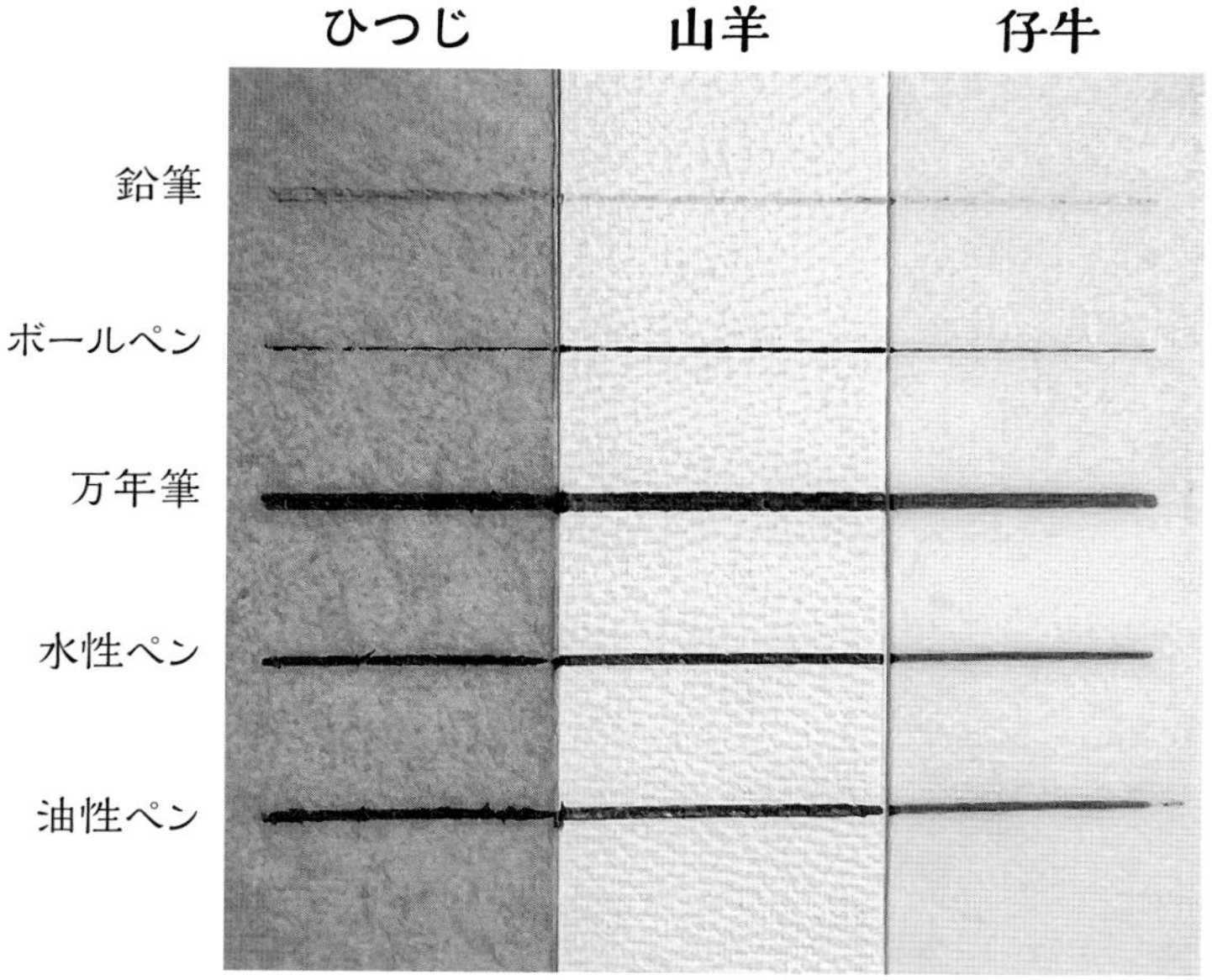

図 1-62 各種羊皮紙と筆記具の書き具合

図 1-63 羊皮紙のプリンター印刷

に整えられるのです。

使う筆記具や画材に合ったテクスチャーに整えたら、様々な表現が可能になるでしょう。元々写本の細密画に使われていただけあって、繊細な線も鮮明に表現できます。図1―64の作品は、四・四×五・三センチという大変小さな羊皮紙に描かれた一八世紀プロイセン王国の水彩画。プロイセン王妃エリーザベト・フォン・ブラウンシュヴァイクを描いた「ポートレート・ミニアチュール」と称される肖像画です。この小さな面積に、肌の質感や瞳の透明感、そして髪の毛一本一本まで緻密な描写がなされています。

使用する筆記具や画材に合わせた動物選びと表面調整により自分好みの支持体にできるだけでなく、耐久性にも優れているのが羊皮紙の特徴。数百年前に作られた繊細緻密な彩飾写本でも、まるで昨日作られたかのような姿で今に伝わっているのです。

次章では、羊皮紙への筆写と描画双方における代表的な分野、「中世の彩飾写本」の世界を見てみましょう。羊皮紙に「書く、描く、デコる」――その独特かつ深淵な世界の一端をご覧ください。

図1-64　プロイセン王妃エリーザベト・フォン・ブラウンシュヴァイクの肖像(18世紀，水彩)．実物大

図1-65　拡大図．繊細な線まで表現

コラム
Column

作ってみよう！　おうちでヴェラム（牛皮紙）

羊皮紙を作ってみたいけれど、材料も道具も揃えられないという方に朗報です。なんと、ペットショップの材料と二〇〇円ショップの道具で「羊皮紙」が作れるのです。使用するのは「犬ガム」。犬が噛むための、骨のような形をしている犬ガムの素材は、牛皮。ということは、中世ヨーロッパで使われた高級ヴェラムが作れるのでは？　完成品はかなり分厚くなりますが、絵などを描いて額に入れれば立派なヴェラム作品に。早速やってみましょう！

犬ガム

犬ガムは，白いものと茶色いものがあります．白いタイプは身体の内部に近い層で，白いヴェラムができます．茶色いタイプは皮の表面部分で，透明なものができます．ここでは白いものを使います．

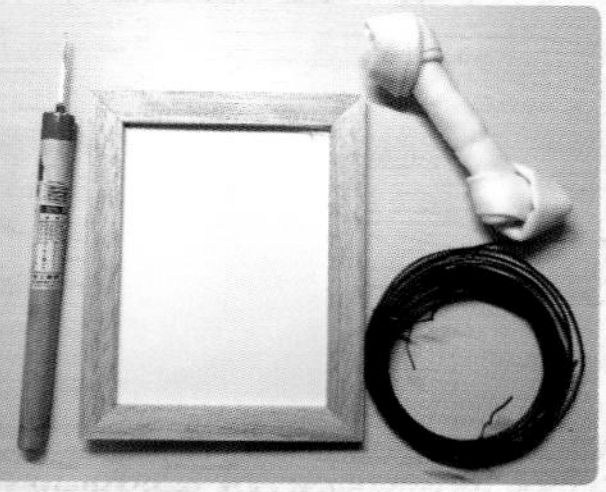

用意するもの

キリ，A5サイズほどの木製写真フレーム，犬ガム（Mサイズ），ビニールコーティングタイプの針金

作り方手順

1

白い犬ガムを約1時間水に浸けて生皮に戻します．

2

フレームを木枠だけにします．犬ガムをフレームに合わせて切ります．

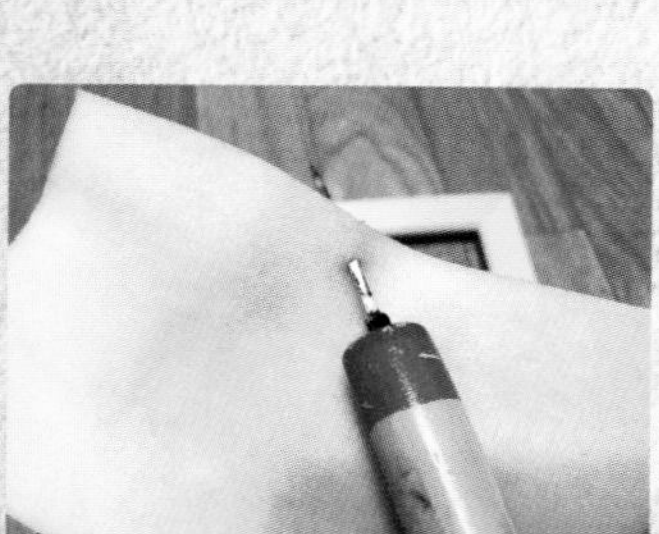

3

犬ガムの周囲にキリで穴を空けます．端から約1cmの場所に，長辺3か所，短辺2か所そして四隅に穴を空けましょう．

ぜひ身近にある素材で、羊皮紙作りを体験してみてください！
文字や絵を入れて、オリジナルの「犬ガムアート」を作ってみよう！

4
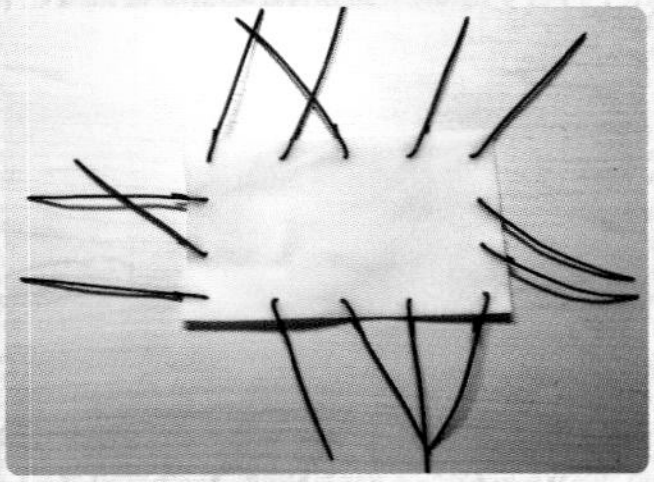

針金を 10 cm ほどに切って穴に通し，先端を折り曲げます(下の写真参照).

5

皮がフレームの中央に来るよう調整しながら，針金を曲げてフレームに引っかけます.

6

角は引っかけにくいので，写真のようにぐるっと巻き付けます.

7
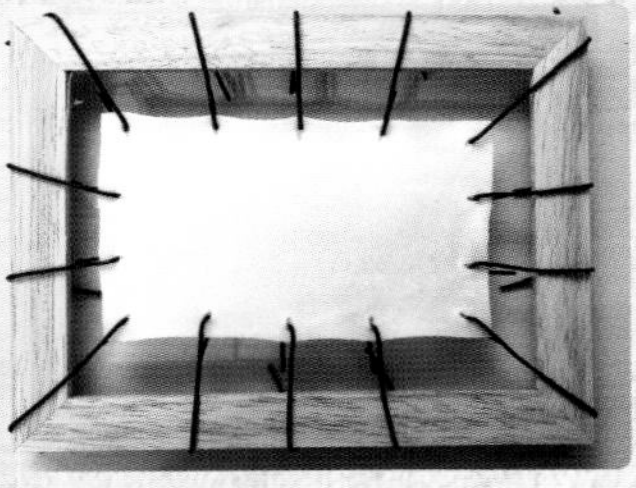

すべて取り付け終わったら，皮がゆるくなりすぎないように針金の長さを適宜調整します．あまり引っ張りすぎると穴が裂けるのでほどほどに．1 日乾燥させます.

8
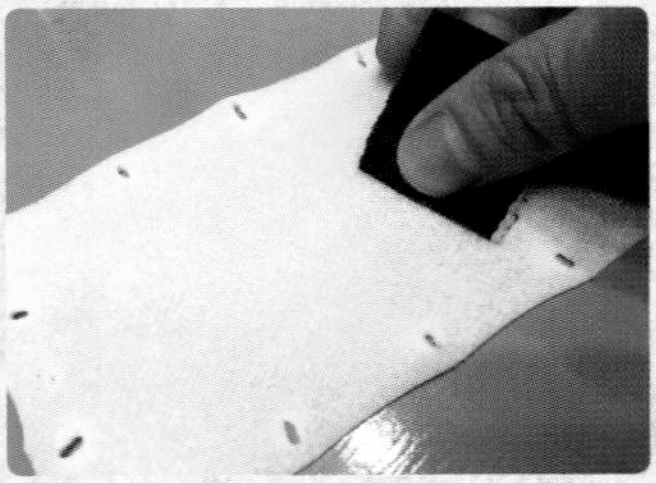

乾燥したら，皮を取り外します．このままでもよいのですが，800 番ほどのサンドペーパーで研磨すると滑らかになります.

9

お好みで周囲をカットして「羊皮紙」風に．真っ白ではつまらないという方は，次のように汚しを入れます.

10

褐色の粉末顔料，または乾燥した土をティッシュで周りに擦り込みます．そうすると自然なアンティーク調に.

周囲を折り曲げたりゆがませたりすると，雰囲気のあるアンティーク・ヴェラムが完成．分厚いですが，絵を描いて額に入れれば厚みもそれほど気になりません.

第二章　羊皮紙写本の世界

第二章では、羊皮紙が文字通り最も「輝いていた」分野、中世ヨーロッパの写本について見ていきましょう。

この章では、写本そのものの解説というよりも、写本から見る羊皮紙の特徴、そして羊皮紙が写本作りに与えた影響を紹介します。煌びやかな中世の写本から見える羊皮紙の世界をご覧ください。

1　手書きの芸術
——「写本」って何？

「写本」とは、その字のごとく、本を書き写して作られた「手書き本」のこと。中世の写本には、文字だけの質素な本から、極彩色の装飾が全ページに施された豪華本まであります。そのように飾り立てられた本は、一般的に「彩飾写本」と呼ばれます。色が塗られているだけでなく、金箔などで装飾してあることから「彩色」＋「装飾」＝「彩飾」です。

図 2-1　時禱書（1470 年頃ルーアン）

すべて手作り、一点ものの写本は、王侯貴族や修道院などごく一部の人々しか所有できない贅沢品でした。しかし、次第に裕福な市民も写本を所有することができるようになり、一三世紀頃には「時禱書《じとうしょ》」と呼ばれる個人用の祈りの本が誕生。その装飾の華麗さとも相まって、一

図 2-2　神聖ローマ皇帝カール５世／カルロス１世発行の叙爵証書(1550 年スペイン，バリャドリード)

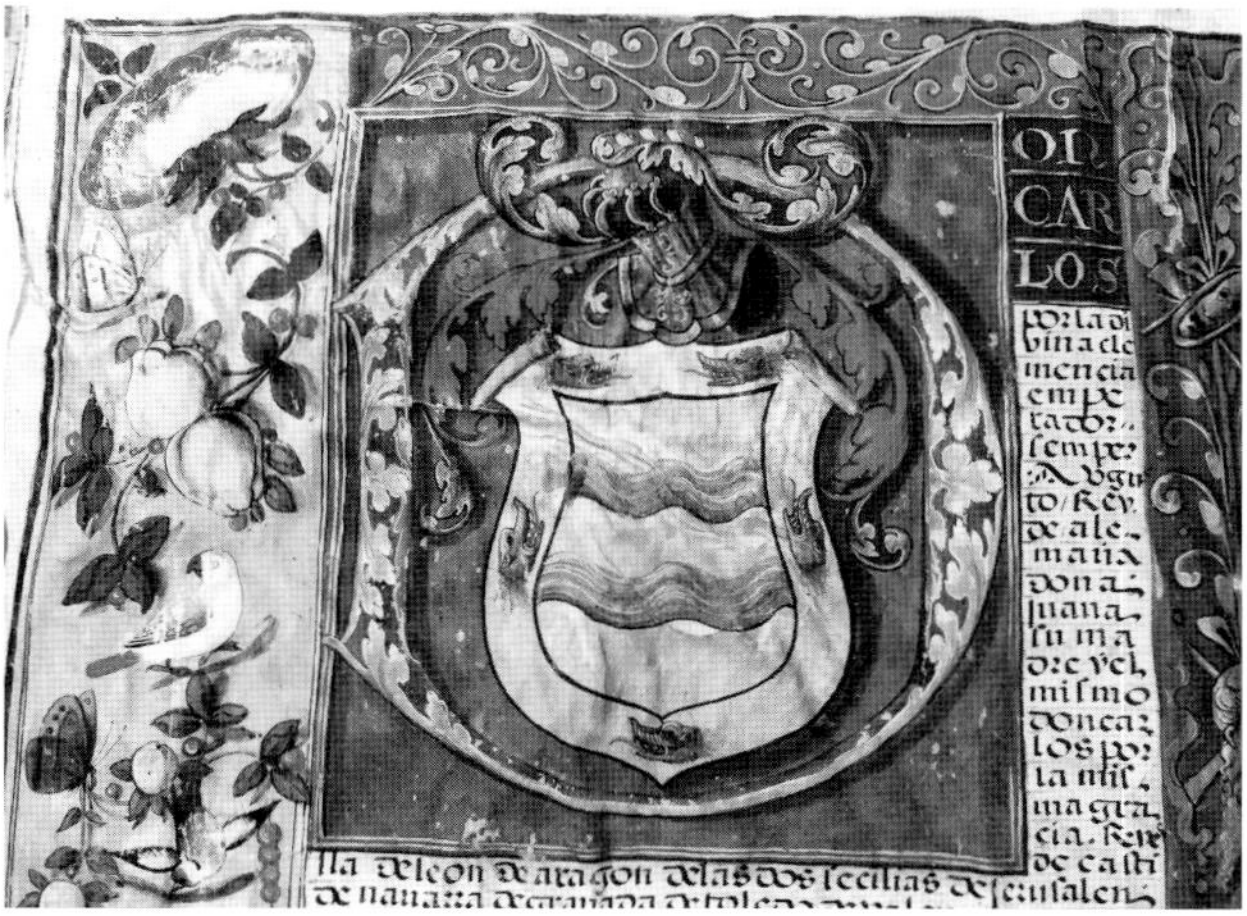

図 2-3　叙爵証書，紋章と「Don」のイニシャル D

五世紀にかけて大流行したのです。時禱書は「中世のベストセラー」とも言われています。

パソコンもプリンターもない時代の本作りは、想像を絶する重労働。羊皮紙に一ページずつ罫線を引き、羽ペンで一文字一文字書き写し、細密画と呼ばれる細かい装飾を描き入れ、装丁をして完成です。

一冊の本を作るために数名の職人が分業で取り組みます。ページ数や装飾の度合い、そして職人の数などによって期間に差はありますが、どんなに質素な本でも半年や一年はかかったことでしょう。羊皮紙代や金箔代、人件費などの必要経費に工房の利益を加算すると、片手で持てる小さな本でも現代の価格にして一冊数十万円から数百万円にも上るのです。つまり、当時の本のページは「一万円札でできている」と考えれば、その価値がわかりやすいでしょうね。たった一冊の本でも、車一台分に相当する高い買い物だったのです。

2　皮への「焼き印」――虫こぶインク

どんなに豪華な写本でも、まずは文字の筆写から。

羊皮紙写本には、「没食子《もっしょくし》インク」という染料インクが用いられました。別名「虫こぶインク」とも呼ばれます。

「虫こぶ」って何でしょう？　ブナなどの植物の芽にある種のハチが卵を産み付けると、その部分の植物組織が異常成長をしてこぶ状に膨らみます。それが虫こぶと呼ばれるもの。この虫こぶを砕いて熱湯で煮出すと、タンニン豊富な液体ができます。「タンニン」とは、ワインやお茶の渋み成分ですね。その液体に鉄分を加えると、黒さびが瞬時に生じて黒くなります。防腐のために酢やワイン（アルコール）を加え、筆写に適したとろみを出すためにアラビアゴムを入れると出来上がり。

インクは書いた直後は黒色なのですが、年月が経つと若干赤みや黄色みを持った色となります。中世の写本を見ると文字が茶色いものが多いのですが、最初から茶色のインクで書かれたわけではないものが大半です。

「タンニンなめしのレザー」という言葉を聞いたことはありますか？　生皮をタンニン溶液に浸しておくと、なめされてレザーになります。つまり、このインクで羊皮紙に文字を書くと、その部分の極表面だけがレザーに変わるのですね。色が剝がれにくいのみならず、保存状態が良好であれば数百年も読める状態で残るという優れもの。

ただし、その効果は諸刃の剣。図2−7の一五世紀パリで作られた写本の文字部分をご覧ください。文字

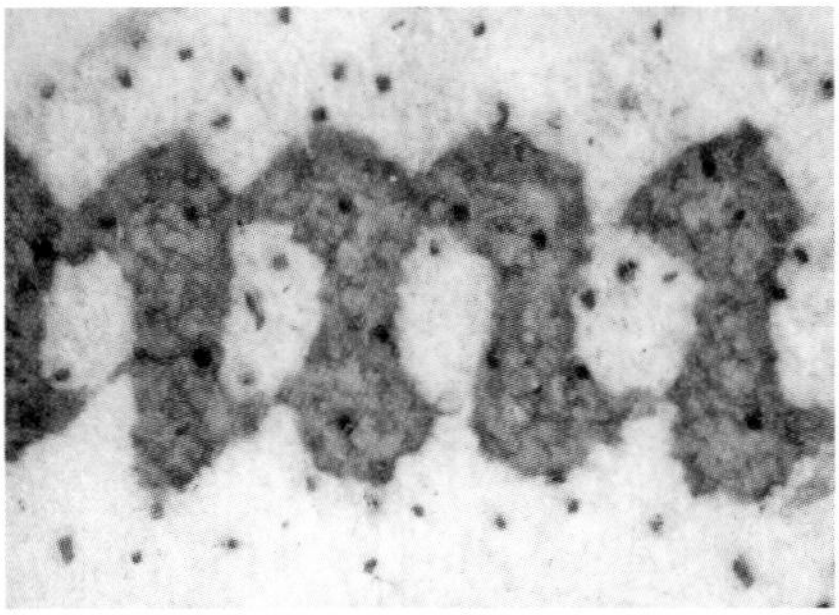

図 2-4　虫こぶインクで書かれた文字（1325 年頃パリ）

図 2-5
インクの材料：左から，虫こぶ，虫こぶ液，硫酸鉄，ワイン，アラビアゴム，完成したインク

図 2-6
虫こぶ液に硫酸鉄を入れると瞬時に黒化

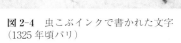

に沿って穴が空いていますよね？　これは、わざわざ穴を空けたのではなく、インクが強すぎて羊皮紙を溶かしてしまった結果です。

このような現象は、「インク焼け」と呼ばれます。没食子インクは、酸性度がとっても高い（pH2〜3）。その結果、羊皮紙を酸化させてしまい、穴が空いてしまうこともあるのです。図2−8の写本は、イニシャル「F」の縁取りが酸性度の高いインクでなされており、インク焼けによりイニシャルごと抜け落ちてしまっています。

図2-7　インク焼けで文字に穴の空いた時禱書（1450年頃パリ）

このような抜け落ちがあると、写本全体が脆くなるため、図2−8の写本はあるもので補修してあります。それは、極薄の透明な腸の皮。別名「ゴールドビーターズスキン」と言われるもの。この呼称は、金箔を作る際に金の塊を腸の皮に挟んでハンマーで叩き薄くしていったことに由来します。もっと身近な例でいうと、ソーセージの皮ですね。ちなみに、腸の皮をよじって乾燥させれば、古楽器で使われるガット弦になります。皮は羊皮紙、腸は弦——書物でも音楽でも、動物の体は欠かせない要素だったのです。

図2-8　インク焼けによるイニシャルFの抜け落ち（13世紀パリ）

3　どうやって直すの？——羊皮紙への書き間違い

数百ページ全て手書きの中世写本。当然、書き間違いも生じます。

図2―9の写本は、一四五〇年頃パリで作られた時禱書。ページの右下に写字職人の書き間違いに打ち消し線が引かれています。

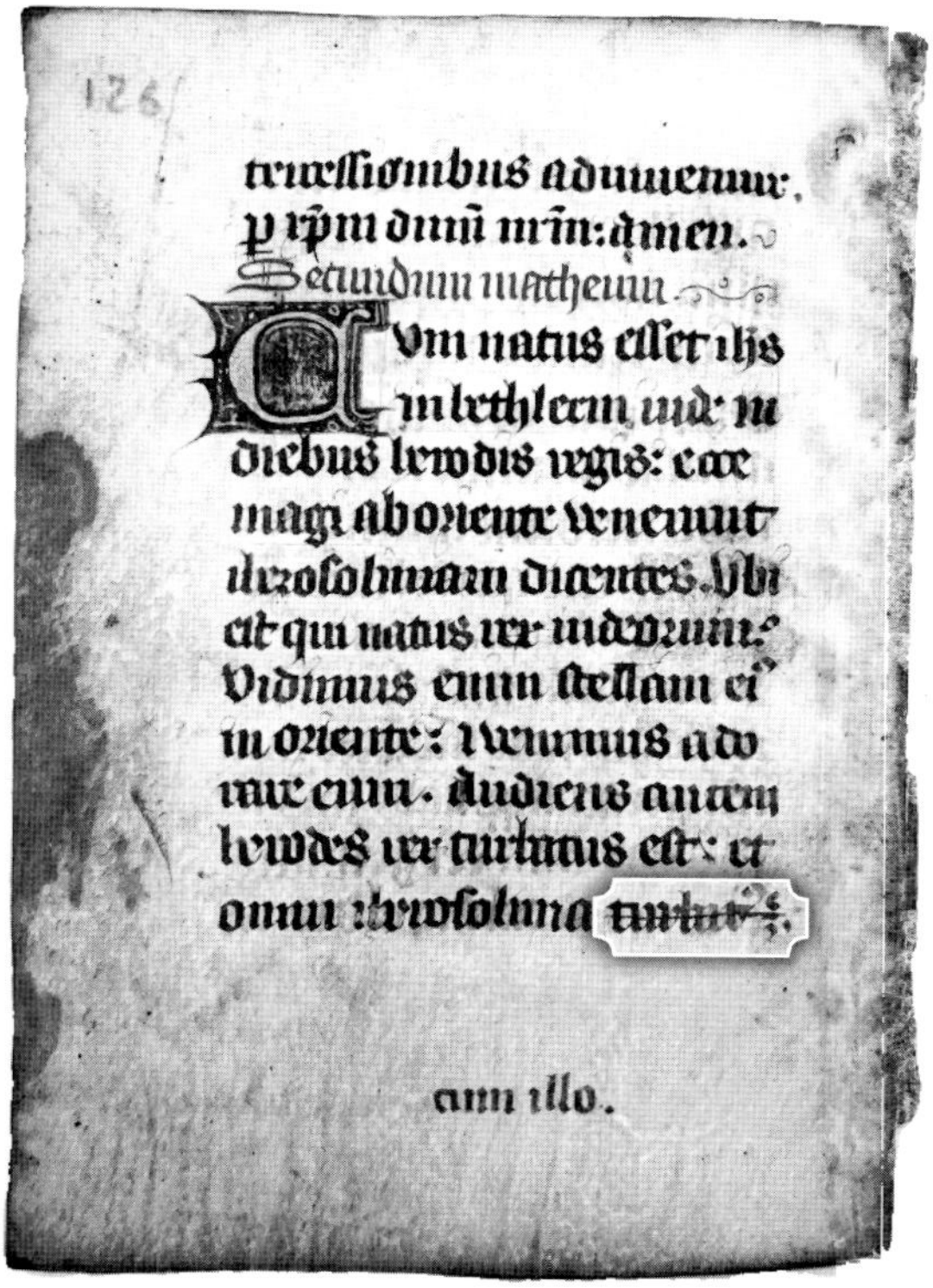

図 2-9　時禱書(1450 年頃パリ). 右下端に間違い

図 2-10　「不安」というラテン語 turbatus に打ち消し線(語尾 us は略字表記)

これは新約聖書マタイによる福音書の一節。元の文章はこうです。

「これを聞いて、ヘロデ王は不安を抱いた。エルサレムの人々も皆、同様であった」(マタイによる福音書二章三節④)

ここで、「cum illo(同様であった)」と書くべきところを、前の単語「turbatus(不安)」につられて同じく「turbatus（不安）」と書いてしまったのです。

「ヘロデ王は不安を抱いた。エルサレムの人々も皆、不安……」

ここで職人自身が不安になったのでしょう。文字が次第にかすれていきます（図2―10）。ミスに気付いた瞬間の心の動きがヒシヒシと伝わってきますよね？

図 2-11　抜けた文字を挿入（1450 年頃ライン地方）

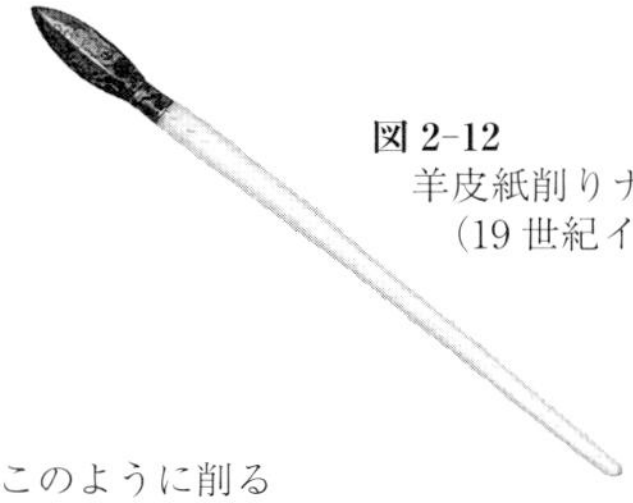

図 2-12
羊皮紙削りナイフ
（19 世紀イギリス）

図 2-13　このように削る

人間だれしも間違いますが、修正の仕方は十人十色。この職人の場合は、どことなく悔しげに打ち消し線を引いています。図2―11の写本では、見直しで単語の抜けを見つけたのでしょう。現代と同じような挿入記号を用いて訂正しています。そして、パっと見ただけではわからない羊皮紙ならではの修正方法も。それは、間違えた文字をナイフで削る方法です。間違えたらインクが乾くのを待ち、図2―12のようなナイフで文字を「カリカリッ」と削ります。

ただし、中世の書物はすべて手書き。長い本になると、大量に修正が必要になることも少なくありませんでした。削って直すのでは追いつかないのです。写本には、そのためのある工夫がなされています。次項で見てみましょう。

図 2–14　音符を削って書き直している(14 世紀)

図 2–15　cia の後に何かを消してある(13 世紀パリ)

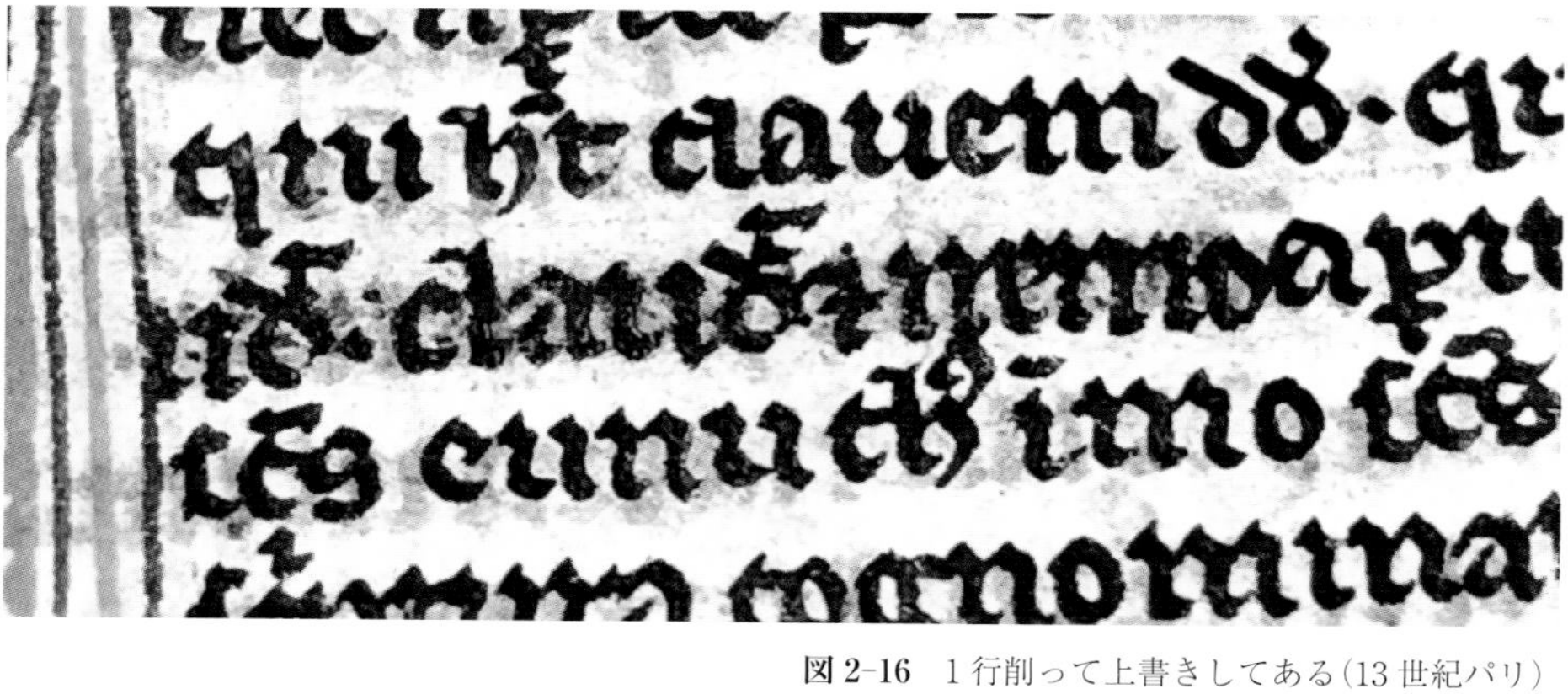

図 2–16　1 行削って上書きしてある(13 世紀パリ)

4　意外に大切——羊皮紙の余白

羊皮紙は、昔も今も高価です。中世写本の文字は、カロリング体という丸みを帯びた文字から、ゴシック体という細長く圧縮された文字に発展しました。書物の数が増えるに応じて、羊皮紙を節約するために文字がコンパクトになった、と言われています。貴重な羊皮紙を無駄なく使おうとすれば、当然ページにびっしり文字を書くはず。

図2―17の写本は一四三〇年頃、北フランスのアミアンで作られた時禱書。ページサイズは一〇・八×八センチでありながら、文字が書いてあるのは五・八×三・五センチで、羊皮紙全体の二三パーセント。四分の一しか活用していません。つまり、全体に書けば一ページに四倍の量を書ける。羊皮紙代が四分の一にまで下がるのです。

にもかかわらず、ほとんどの中世写本でかなりの余白が残されています。なぜこのような「無駄遣い」をしているのでしょうか。

「装飾を入れるため」という理由もありますが、広い余白を設ける重要な実用的理由は、「書き込みスペース」。一単語ほどの間違いでしたら前項のように削ったりして修正できますが、大きな抜けがあったりするとそれでは追いつきません。本文に抜けがある個所に記号を入れて、余白に追記をするのです。

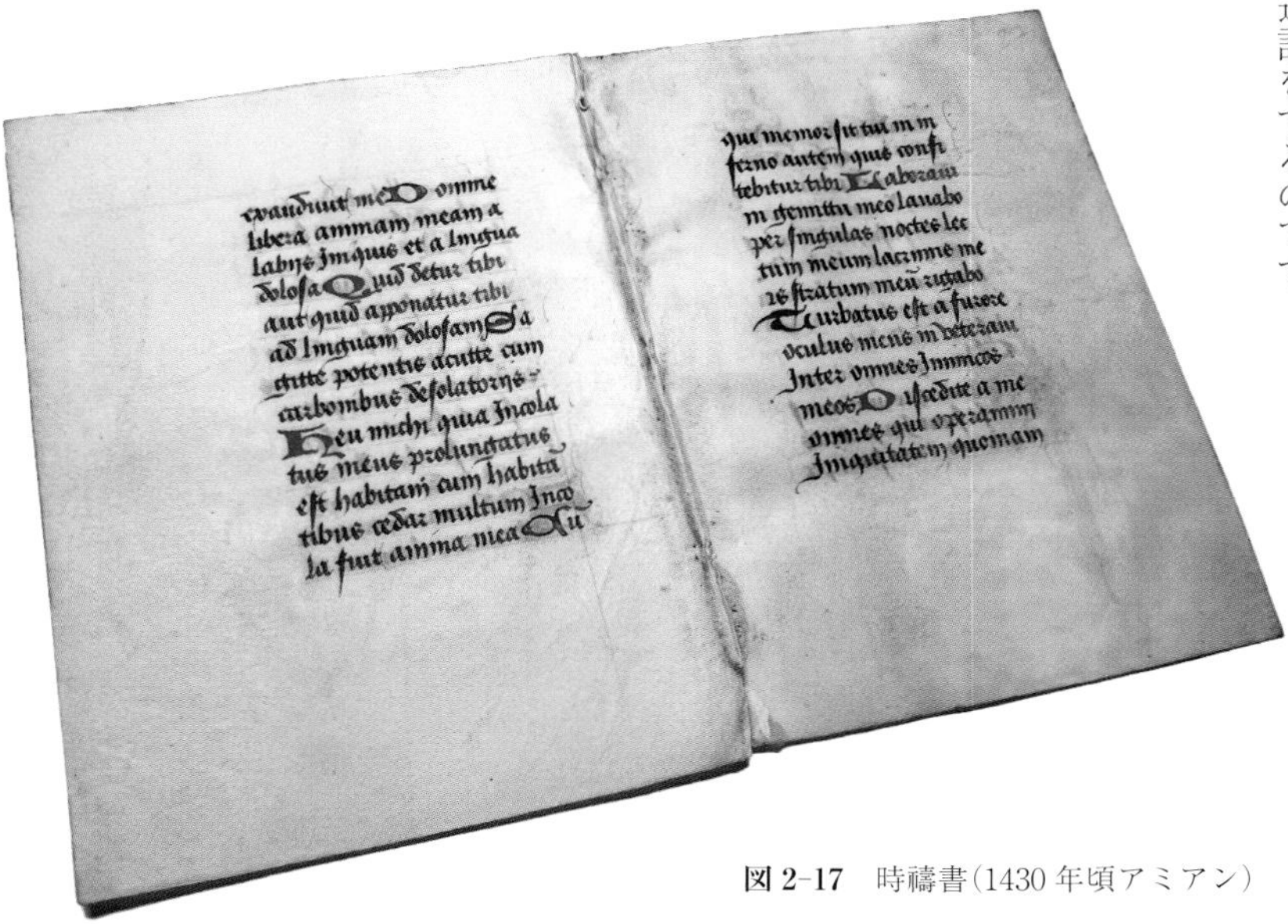

図 2–17　時禱書(1430 年頃アミアン)

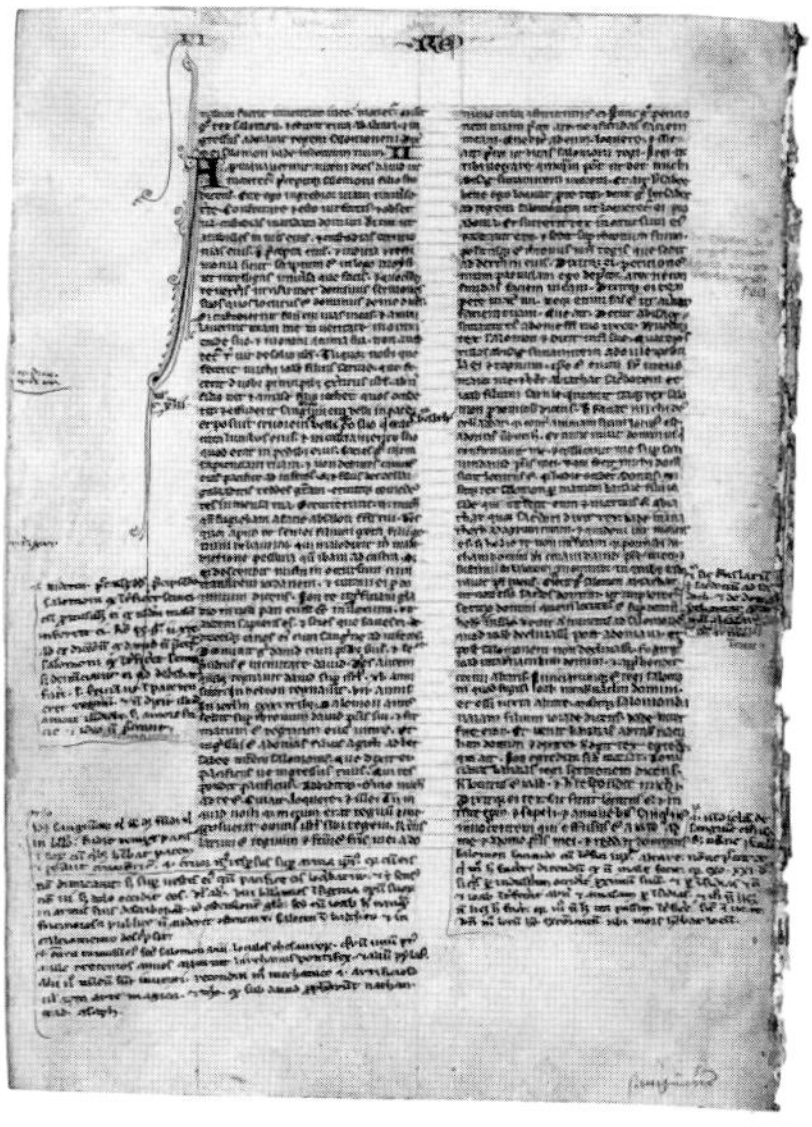

図 2-18　余白に註釈の入った小型聖書（1250 年頃パリ）

図2−18の例は、一三世紀パリの小型聖書。様々な書き込みが見られます。

実はこの写本、文章の一部をところどころ飛ばしてしまっているのです。たとえば図2−19では、旧約聖書列王記上一章三〇節の、「あなたの子ソロモンがわたしの跡を継いで王となり、わたしに代わって王座につく、とイスラエルの神、主にかけてあなたに立てた誓いをわたしは今日実行する」[5]の中間部分「わたしに代わって王座につく」が抜けてしまっているため、それを欄外に補足してあります。中世は、間違った教えを信ずる者が「異端」と見なされる厳しい時代。聖書に抜けがあるまま読者の手に渡ってしまっては一大事。書き間違いは避けられませんが、誤りを正すための余白を設けることで、情報を正しく伝えられるようにしてあるのです。

その他、図2−20のように語彙に対する註釈を入れたり、読者が思ったことをメモしたりするために余白は重要な機能を果たします。羊皮紙しかない時代には、ノートやメモ用紙でさえも高級品。余白という「オールインワン」の解決法で、情報が一元化できるだけでなく、お財布にも優しいというわけ。

学習用でない本の場合、余白にはこの後の項で紹介する

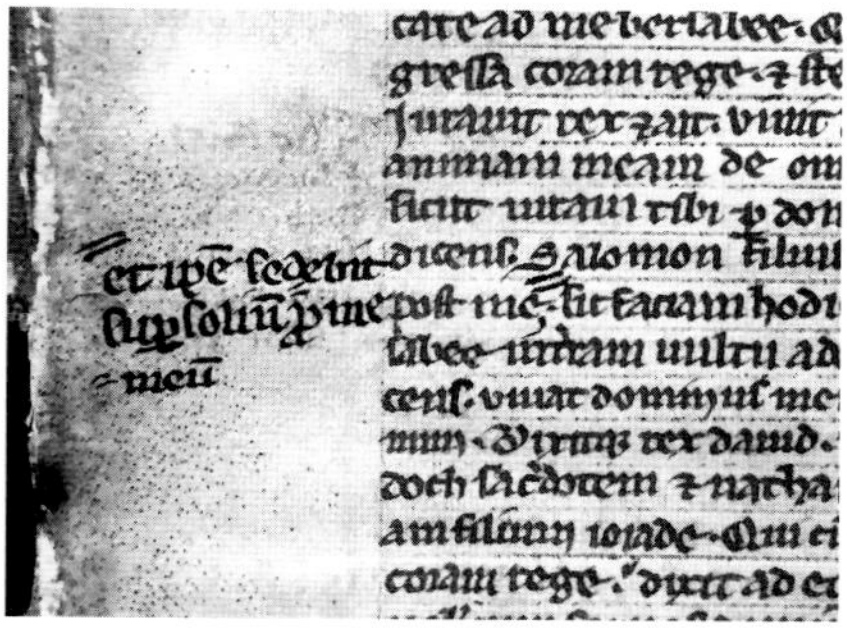

図 2-19　抜けた聖句の補足

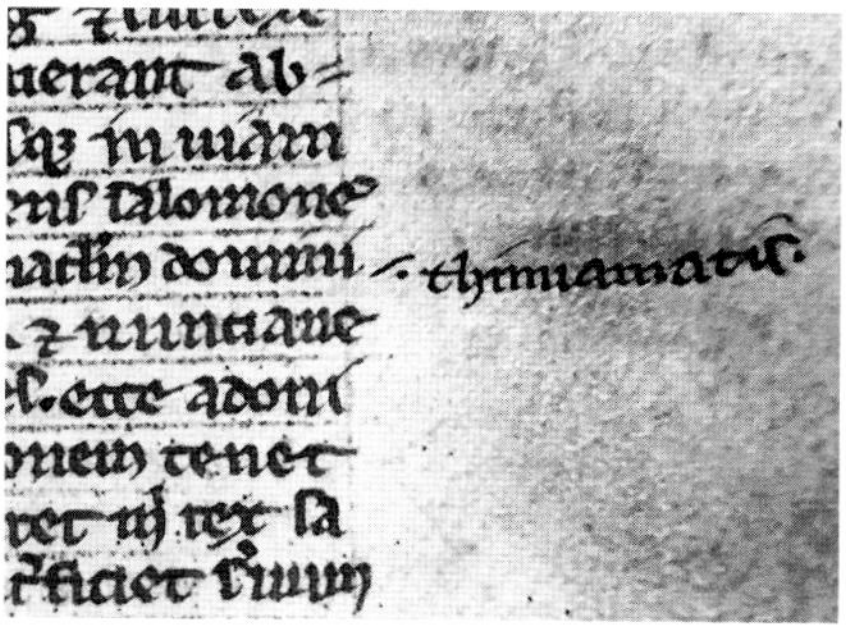

図 2-20　語彙の註釈

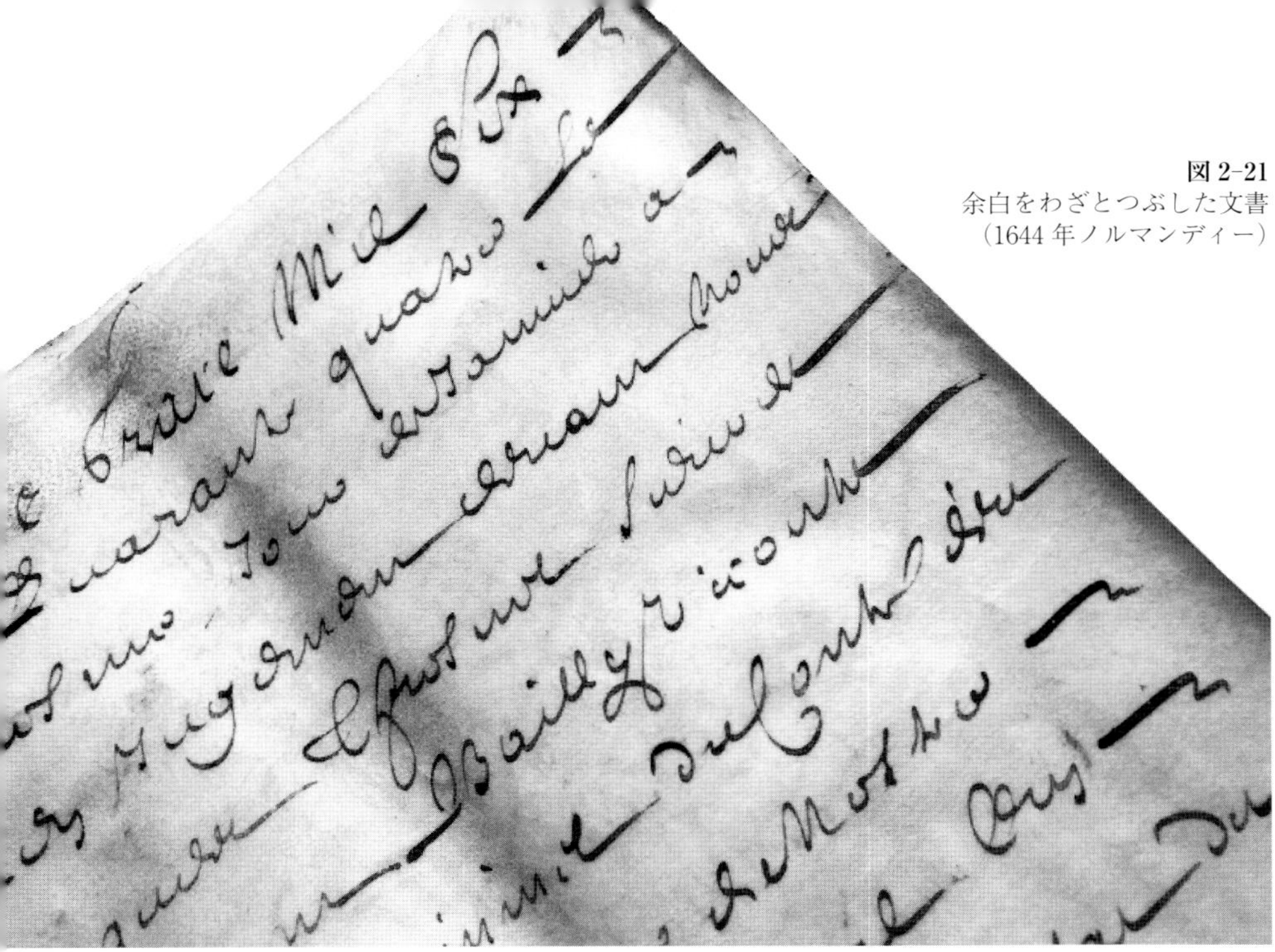

図 2–21
余白をわざとつぶした文書
（1644 年ノルマンディー）

ように様々な装飾が入れられます。一方、一五世紀フランドルでは、「あえて」余白に装飾を入れないスタイルがブームになったこともありました[6]。高価な羊皮紙をあえて無駄に使うことで、裕福さをアピールする狙いがあったそうです。大きなお皿にチョコっとお料理が乗っているディナーが上品に見えるのと同じ感覚でしょうか。

逆に、おしゃれなど関係なく純粋に情報のみを伝える事務的な文書、特に契約書は、羊皮紙の隅から隅まで余すところなく使っています。余白があると、好き勝手に追記ができてしまうからですね。「太郎が花子に一〇〇〇万円支払う」――（余白に追記）「という話は特に無かった」とされたらたまりません。図２―21のように、線で余白を入念につぶしている文書もあるほど。日本でも、領収書などで金額の後に「¥一〇〇〇―」と棒を付けますよね。

追記するための写本と、追記を許さない証書類。羊皮紙の使い方を見るだけでもその性質の違いが際立ちます。証書類についての詳細は、第四章で取り上げます。

ここまで写本制作における文章の筆写を見てきました。数百ページ全部手書きの重労働。でもこれで完成ではありません。さらに本を装飾する工程が待っています。

5　そんなにデコって割れないの？
——土台にこだわる金箔貼り

元々写本の彩飾は、文章や段落の区切りを表すためのものでした。文頭を大文字にして、青や赤の色付けでわかりやすくしていたのです。

そのような、純粋に「区切り」を表す機能であった色使いが、次第にゴージャスになっていきました。イニシャルに動植物文様を描き込んで鮮やかな絵画作品のようにしたり、金箔を貼ってページをめくるたびにキラキラと本が輝くようにしたり。

写本は筆写の後、イニシャルや余白の飾り、細密画などが施されます。すでに装飾を済ませた状態で販売している本もありましたが、本の買い手が装飾の豪華さの度合いを指定できる形態も一般的でした。いわゆる「セミオーダー」ですね。一三世紀パリ大学に通っていたある学生は、当時の教科書である写本をこってりと装飾するために、

図 2–22　彩飾写本各種（1450〜70 年頃イタリア，フランス）

図 2–23　楽譜の彩飾イニシャル（16 世紀イタリア）

父親からの仕送りを使い果たしてしまったという逸話も残っています(7)。

このような写本装飾において、絵具で色を塗る前に行うのは金箔貼りの作業。これを「ギルディング」と言います。先に彩色してしまうと、絵具に金箔が貼り付いて塗り直しになるため、先に金を貼るのが一般的。

図2―23の例は、一六世紀イタリアで作られた大型の聖歌集に施されていたイニシャル「A」。贅沢にも広い面積に金が施されています。少し「ぷっくり」と膨らんでいますが、金の塊を貼っているわけではありません。石膏ベースの土台を作って、金箔を貼っているのです(図2―24)。

盛り上げ土台は、石膏、鉛白、膠《にかわ》を混ぜた「ジェッソ」と呼ばれるトロリとした塗料を固めたもの。中世写本研究の大家クリストファー・デ・ハメル博士によると、フランスの職人は白い土台、ドイツやフランドル系の職人は赤土を混ぜた褐色の土台、イタリアはピンクの土台を作る傾向があったのだそうです(8)。

図 2-24　金箔が剝がれて下地の白いジェッソが露出(1450 年頃フランス)

図 2-25　イニシャルの金箔下地は白.
フランス系の職人か(1470 年頃ルーアン)

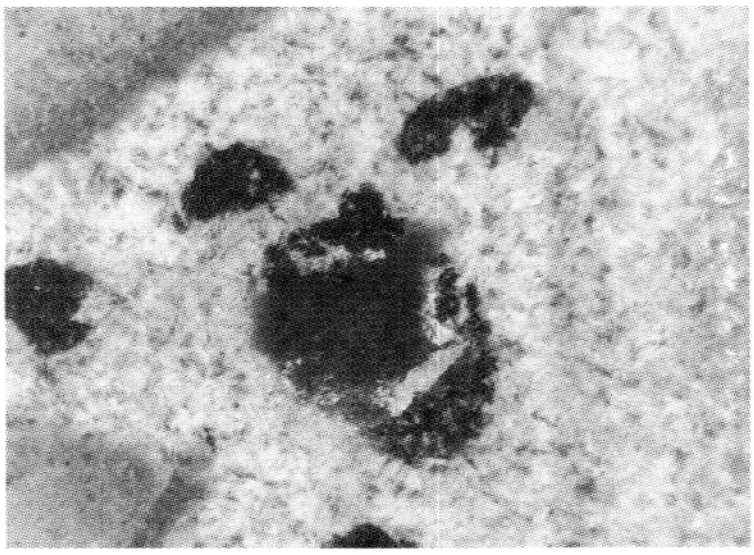

図 2-26　欄外装飾の金箔下地は茶色.
ドイツ／フランドル系の職人か(同左)

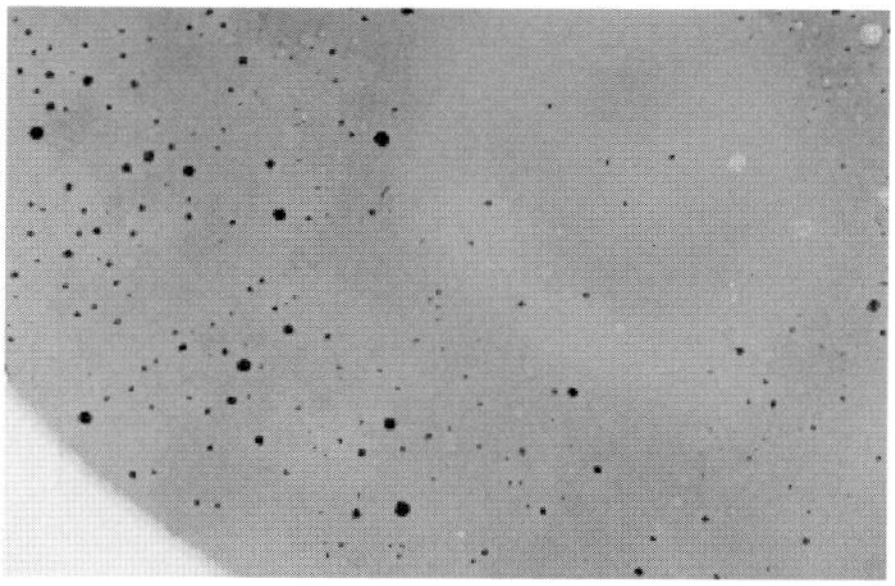

図 2-27　かき混ぜて気泡の目立つジェッソ

図 2-28
耳垢投入

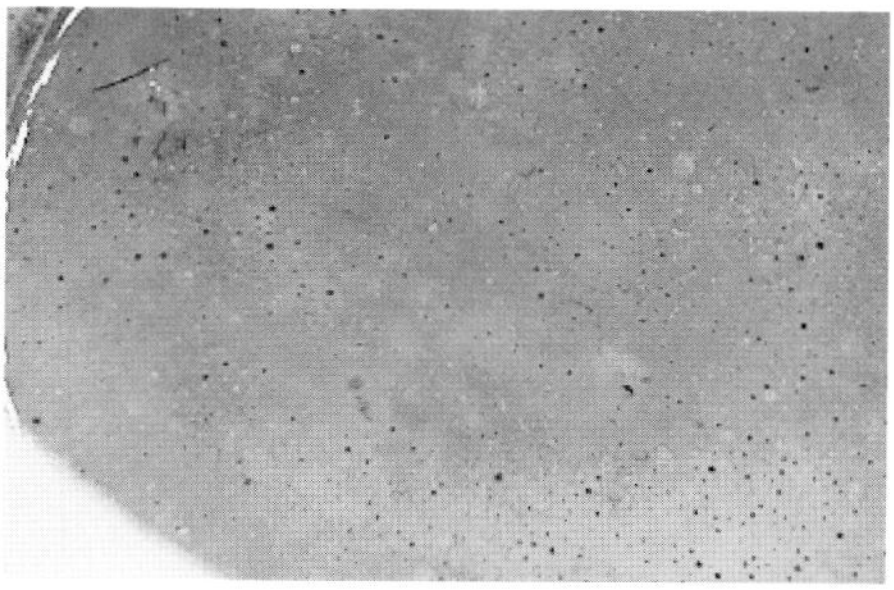

図 2-29　ゆっくりかき混ぜると気泡が収まる

それにしても、本はペラペラとめくるものですよね？　硬い石膏がペキっと割れてしまわないのでしょうか。そこで活躍するのが、砂糖やハチミツ。ジェッソに混ぜることで糖分が空気中の水分を吸着し、ある程度の柔軟性が生まれるのです。

さらに、ジェッソを調合する際に材料を水で溶いてかき混ぜると、気泡がプクプクと上がってきます。気泡があると表面が十分滑らかにならず、金箔の輝きも鈍くなってしまう。そこで、中世の職人が投入する「秘密兵器」がありました。

それは、「耳垢」。

実際に耳垢を入れてかき混ぜると、次第に気泡が消えていきます。耳垢の脂分が「消泡剤」の役割を果たすのです。実は耳垢でなくとも、アロマオイルを爪楊枝の先に少し付けてジェッソに混ぜるだけでも効果はあるのですよ。

ジェッソが固まったら、その上に金箔を貼ります。ガラスをくもらせるときのように温かい息を「ハー」っとジェッソに吐きかけると、水分で膠の接着力が復活し、金箔が貼り付く仕組み。貼った金箔をメノウなど滑らかな石で磨き、ツヤを出して完成となります。

まばゆいばかりの中世写本の輝きの秘密は、耳垢だったのですね。白い土台はフランスの耳垢、茶色い土台はドイツの耳垢、ピンクだったらイタリアの耳垢——写本の見方が少し変わるかもしれない豆知識でした。

6　装飾が秘めるメッセージ
——さらに隠れた美の秘訣

金箔貼り作業の後に、彩色を施していきます。中世写本に使用されていた色は、はたして何色くらいでしょうか。時代や地域で大幅に異なりますが、合わせると約四〇種類にも上ります[9]。とはいえ、一冊の写本に使われる色はせいぜい五色程度で、不透明色の上に透明な染料系の色を重ねることでトーンや色味にバリエーションを持たせることもありました。

絵具の多くは、岩石を砕いた粉、つまり岩絵具を卵白で溶いて作られます。岩石の他に、スオウやアカネなど植物からとれる染料系の絵具や、カイガラムシなど動物から作られる絵具も使われました。

なかには、高級な写本でしか使われない特別な色も。その代表格は「ウルトラマリン」です。これは、遠くアフガニスタンで産出する「ラピスラズリ」という半貴石を砕き、精製して作った深い青の顔料。とりわけ重要な聖母マリアの衣服などに限定して使われました。

装飾には、地域ごとのスタイルがあります。さらに、ただ美しいからという理由だけでなく、隠れた意味をデザインに込めている場合もあるのです。

図2―31の写本は、一四七〇年頃、北フランスのルーア

図 2-30
時禱書(1470 年頃ルーアン)

ンで作られた時禱書。まるで昨日描かれたような鮮やかさが際立ちます。様々な草花が描かれていますが、具体的には何でしょうか。

青い唐草模様のようなものはアカンサス、赤い花はバラ、青いラッパ形の花はユリ。イチゴはすぐにおわかりですね。

図 2-31　装飾の意味

最後に青い花びらが五枚ある花――ぱっと見わかりづらいのですが、実はこれ、スミレの花なのです。

これらの草花は、もちろん色や形がきれいだから描かれているのでしょう。でも、さらに重要な理由があります。それは、これらが含む隠れた意味。中世では、隠喩での表現が盛んでした。いわゆる「花ことば」ですね。この写本の装飾に秘められた意味、それは――

アカンサスは「永遠」、バラは「慈愛」、ユリは「純潔」、イチゴは「善」、そしてスミレは「謙遜」。

これは、ある人物を表現しているのです。これらすべての徳を兼ね備えているある人物とは――

「聖母マリア」。

この写本が作られたのは、聖母マリアに捧げられた「ノートルダム大聖堂」がある北フランスのルーアン。マリア様に対する崇敬の念を植物で表現しているのがこの時禱書なのです。

さらに、この装飾をひときわ美しくしている秘密があります。普通に見ている限りではわかりませんが、この写本の裏から光を照らして見ると……（図2―33）。

装飾部分と文字部分の羊皮紙の透け具合が違いますよね？　文字部分が暗くて、装飾部分が明るい。これは、装飾を描く前に、画家がメノウなど表面が滑らかな石で下地を磨いて滑らかにしているからです。文字部分は第一章の図1―17のように、多少表面が粗いほうがインクを弾かずに安定して書けるのですが、細密画家にとっては表面が粗いと繊細な線が描きづらい。また、滑らかにしたほうが絵具の染み込みも少なく、発色がよいというメリットも。

第一章（三〇～三一頁）で触れたように、羊皮紙は好みに合わせて表面調整ができる素材です。その特長を生かし、細密画家は羊皮紙の選定で写字職人とケンカすることなく、自分の担当部分のみ最適な状態に調整しているというわけ。優れた職人は、見えないところできちんと仕事をしていますね。まさに、羊皮紙の調整方法を熟知するプロフェッショナル！

図 2–32　写本色材の原料

図 2–33　光に透かすと，装飾部分の下地処理が見える

7　書物の甲冑――ゴツい装丁の役割

数百ページもの筆写と彩飾――気の遠くなるような作業が終わると、ようやく写本作りの最終工程、製本です。

図2―35のような、製本していない状態で数ページまとまったものを「折丁《おりちょう》」と言います。まずは「背バンド」という支持体にこの折丁を縫い付けていきます。西洋の古い本の背がゴツゴツしているのは、厳つく見せるためではなく、ページをつなぐ革紐が浮き出て見えるからなのですね。

その縫い付け作業が終わったら、分厚い木の表紙に革紐を通して一体化

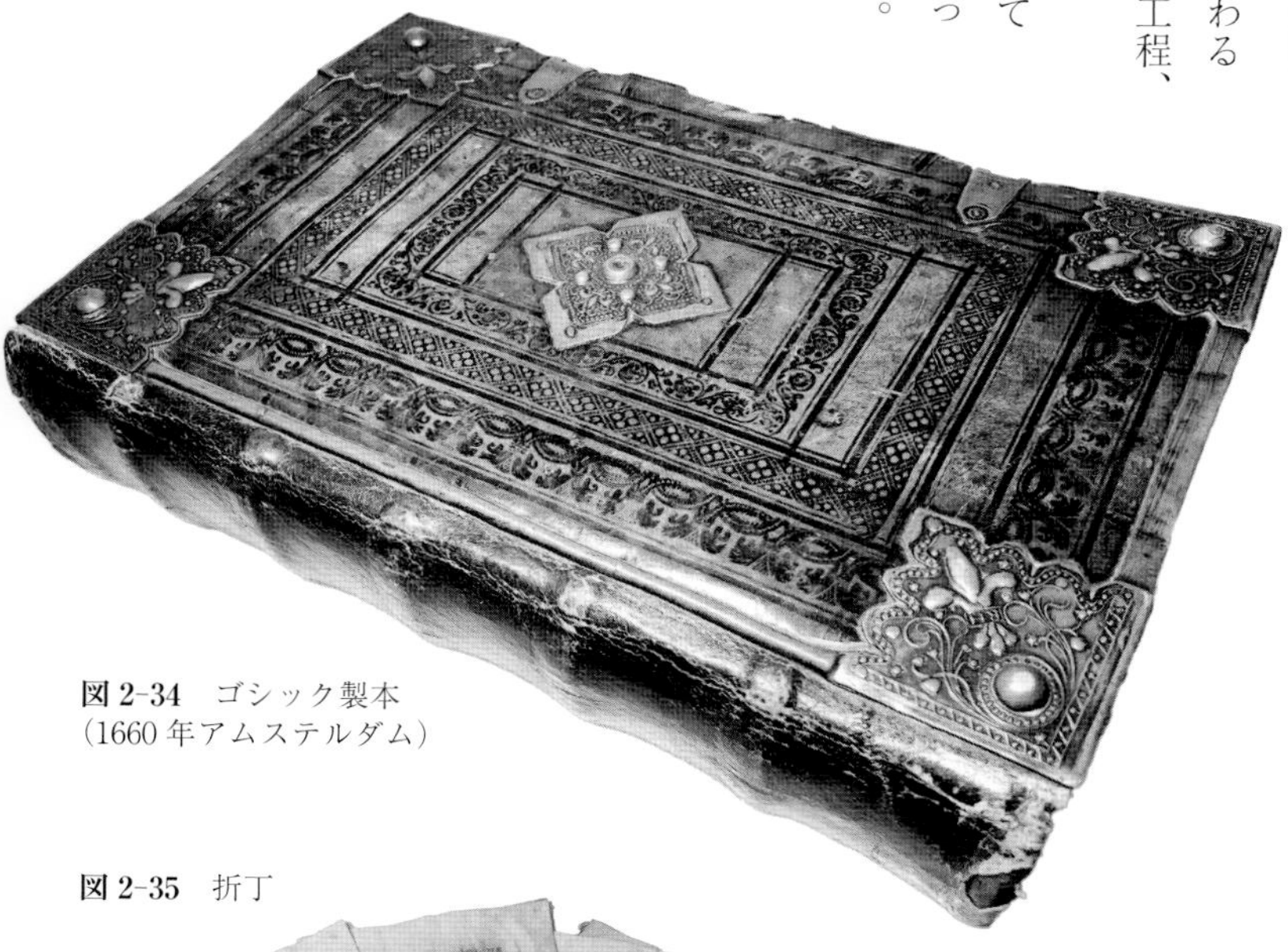

図2-34　ゴシック製本
(1660年アムステルダム)

図2-35　折丁

図2-36
中世写本の製本工程(再現)

します。表紙の厚さは平均約一センチ。[10]かなり頑丈です。板の表面にレザーを貼り、上下の表紙板をつなぐ留め金を装着します。

留め金を付ける理由は、羊皮紙の性質にあります。羊皮紙は湿気や乾燥に敏感に反応し、そのまま置いておくとカールしたりシワが寄ったりするのです。まるで元の立体的な動物の形に戻ろうとしているかのよう。一枚だけなら問題ないのですが、数百ページもウネウネと変形しはじめたら本の形を保っていられません（図2―37）。そのため、どのような環境にあっても「ピシッ」と平坦な形状を保っていられるように、分厚い板の表紙を留め金でしっかり留めることにより、羊皮紙をプレスしてあるのですね。

図 2–37　羊皮紙が反って開いた写本
（乾燥すると制御不能に）

図 2–38　留め金でがっしりとプレスする
（1601 年アントワープ）

図 2–39　製本用の留め金各種

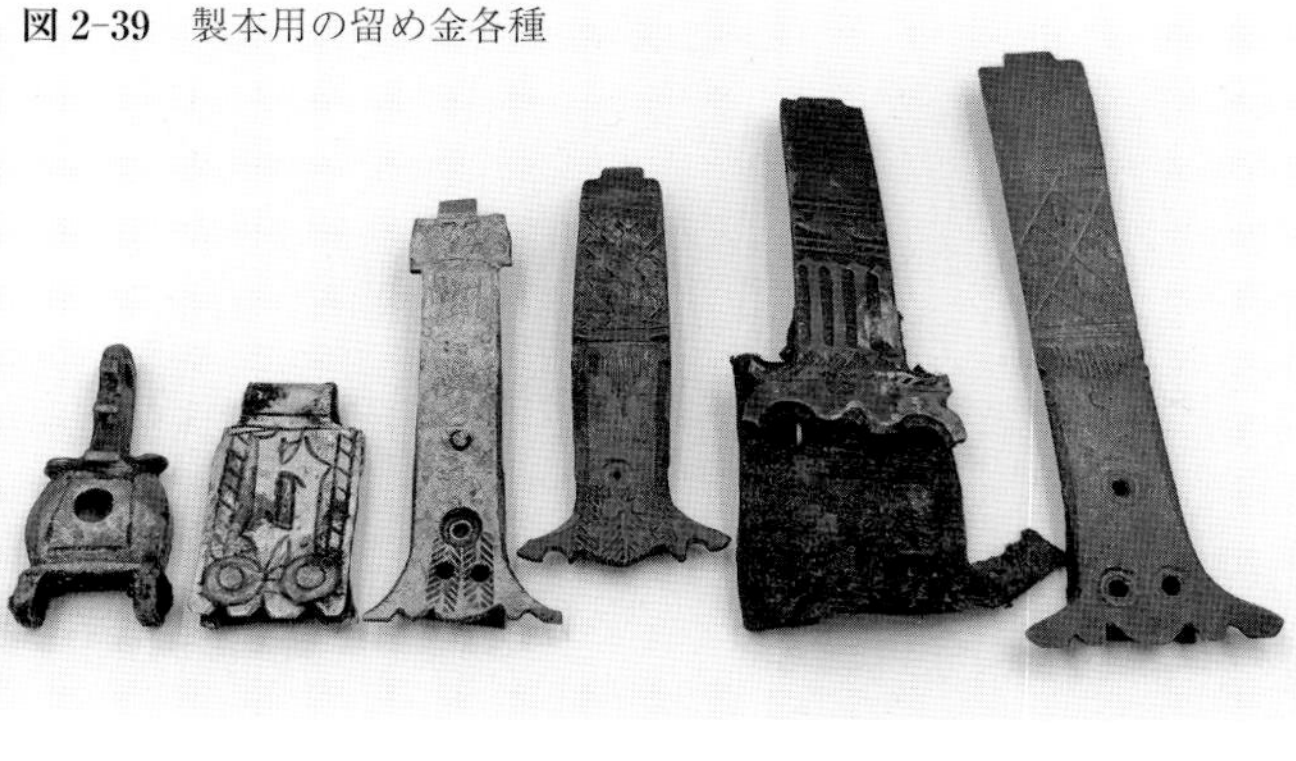

　さらに、当時の本は平積みで保管されることが多かったため、上に置かれた本で傷が付かないように、角や中央に甲冑のようなゴツい保護金具が付けられています。「書物の甲冑」というのは比喩ではなく、実際にそのような防御機能を果たしていたというわけなのです。

　また、騎士の甲冑もそうであるように、保護目的を超えた豪華絢爛な書物金具もあります。全体が貴金属や宝石で飾られた「トレジャーバインディング」、訳すと「宝物装丁」というタイプの本も作られました（図2－41）。特に、九～一〇世紀頃の神聖ローマ帝国における豪華写本が代表的。手間暇かけて作られた一点ものの羊皮紙写本は、当時宝物として扱われていたことが一目瞭然ですね。そのため、書物は権力と富、そして「文字が読める」という知性を示すためにふさわしいツールとして使われてきました。

図 2–40
甲冑のような保護金具（装飾も兼ねる）

図 2–41
トレジャーバインディング（筆者作レプリカ）

図 2–42
ガードルブック
（筆者作レプリカ）

中世末期の一五世紀には、ベルベット生地などで覆った時禱書を高貴な女性が腰に下げ、さりげなく優越感にひたれるファッションアイテム「ガードルブック」も流行りました(図2—42)。しかし、書物が一部の富裕層のためだけであった時代は、一五世紀に終わりを告げます。紙の普及とともに、羊皮紙の利用も劇的に衰退。そしてとどめを刺したのは、活版印刷の登場です。

図 2-43　活版印刷の時禱書(1510 年パリ)

8　実は相性悪かった——活版印刷と羊皮紙の関係

一四五五年頃、ドイツ・マインツの金細工師ヨハネス・グーテンベルク(一三九八頃~一四六八)が近代的な活版印刷を実用化したことにより、書物制作は一変しました。一冊が完成するまで数年がかりであった書物は、印刷機に設置する版さえ組めば、あっという間に何百冊も量産できるように。それまで本に縁のなかったような人々も本を手に取ることができるとともに、大量に印刷してすぐに発行できることから、政治的、宗教的な宣伝用にも用いられることになったのです。

図2—43の例は、パリの書籍商シモン・ヴォストル(?

図 2-44
グーテンベルクの肖像
(19 世紀の印刷物)

図 2-45　手引き式印刷機(筆者作)

～一五二一）が出版した活版印刷版の羊皮紙製時禱書。ボーダーには精緻な木版画が施されています。図２－46はページまるごと木版画。文字も挿絵もすべて印刷で表現できるため、一冊制作するためだけに膨大な時間がかかる手書き写本は、瞬く間に廃れていってしまいました。

印刷技術は、写本制作という産業だけでなく、羊皮紙という素材も衰退に追いやりました。羊皮紙には印刷用の油性インクが染み込みづらいため、紙と比べ印刷後のインクの乾燥にかなりの時間がかかります。筆者が比較実験をしたところ、その差は約五倍。乾燥のために場所をとるだけでなく、生乾きのときに誤って汚してしまうリスクもあるのです。

羊皮紙作りに時間がかかり、インクの乾燥にも時間がかかる。となると、スピーディーな「印刷」という新技術には到底ふさわしいとはいえません。それに対応できる素材「紙」だけが、この技術革新において生き残ったのです。

羊皮紙が本のページとして使われることは非常に稀になり、衰退の一途を辿っていきました。

しかし実は、羊皮紙の「魂」は、当時の紙に生き残っているのです。植物繊維を絡めた手漉き紙は、そのままではインクが滲んでしまいます。そのため、滲み止めとして使われたのは膠《にかわ》。元は「煮皮」と書きました。そう、膠は動物の皮を煮込んで作られているのです。皮を煮るとコラーゲン線維がゼラチンに分解され、お湯に溶け出します。そのゼラチン溶液を紙に吸い込ませて滲み止めにしているの

図 2-46　羊皮紙への木版画（1512 年パリ）

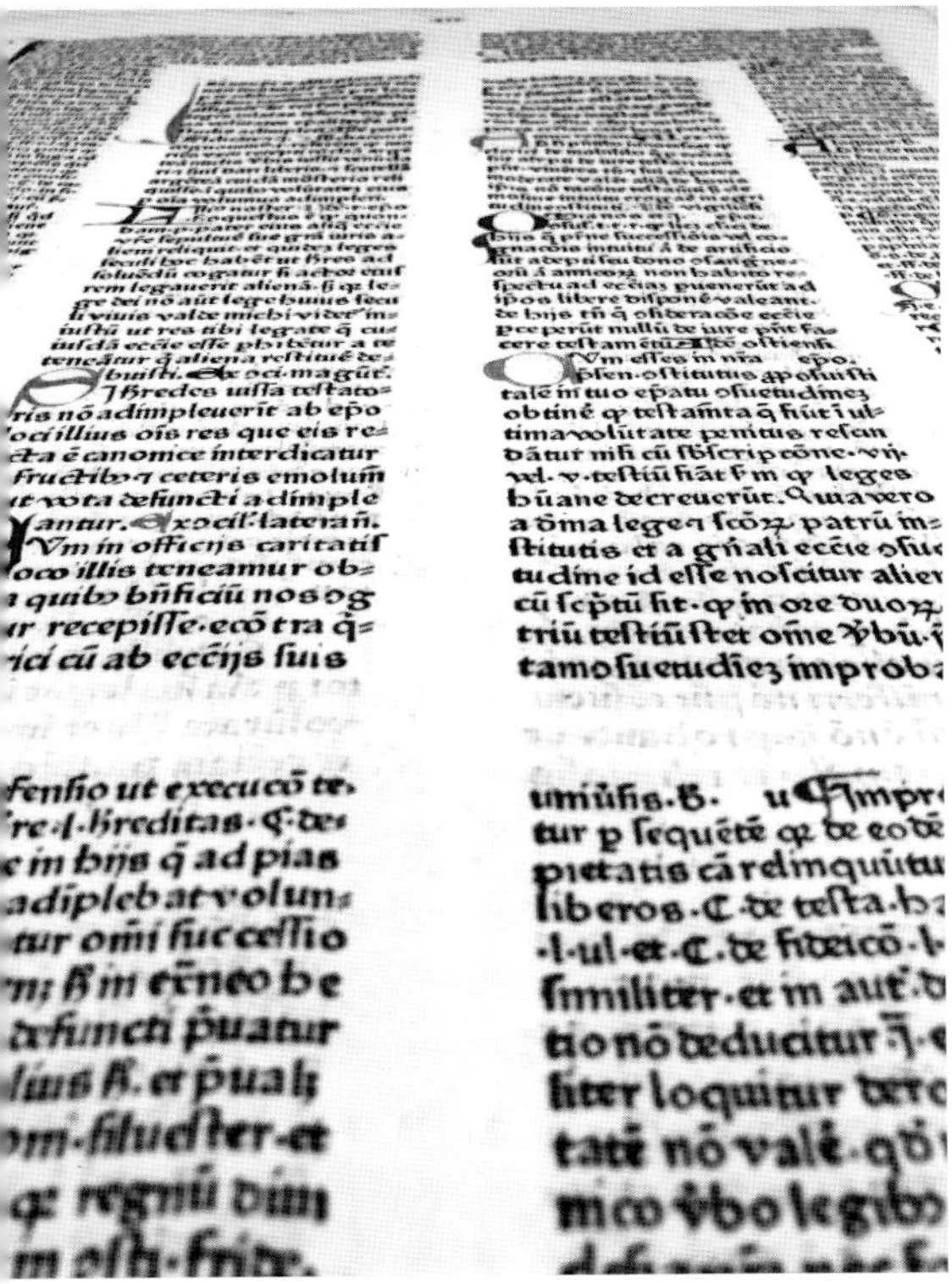

図 2-47　グーテンベルクの弟子ペーター・シェーファー印刷の聖書（紙，1473 年マインツ）．滑走路のような整然とした配置

です。つまり、手漉き紙の植物繊維は、動物性コラーゲンでコーティングされているということ。「インクが染み込みにくい」という羊皮紙のデメリットが、部分的に活かされたというわけですね。結局中身は植物繊維でも、表面は羊皮紙と同じコラーゲン。衰退したとはいえ、見えない形で植物紙の活躍を支えたのでした。

そんな羊皮紙の「魂」を受け継いだ手漉き紙が、印刷と手を取り合って、中世が終焉を迎えた後の世界を創っていきました。

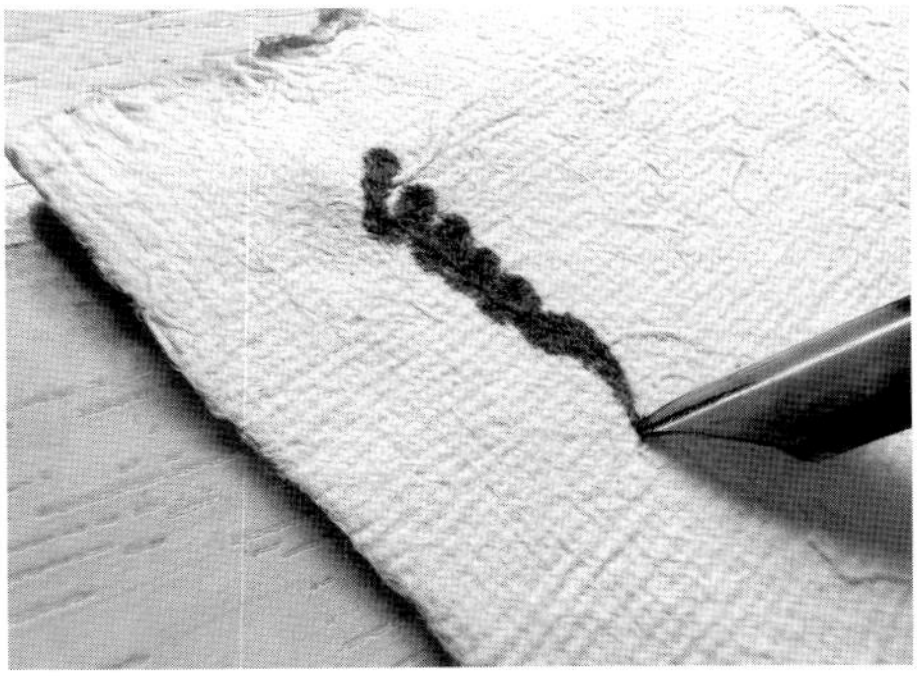

図 2-48　滲み止めがないとインクが滲む

図 2-49　活版印刷の活字

コラム
Column

羽ペンを作ってみよう

中世写本の多くは、ガチョウの羽根で作った「羽ペン」が使われていました。ここでは、一般的な羽ペンの作り方を紹介します。インク壺に浸けて書くタイプですので、別途インク(墨汁でも可)が必要です。

中世の羽ペンには、インク溜めがありませんので、インクを付けすぎるとボタ落ちします。そのため、中世では急な傾斜台を使っていました。

用意するもの

ガチョウの風切羽根とカッターナイフ．できれば黒い画用紙を敷いたほうが見やすい．

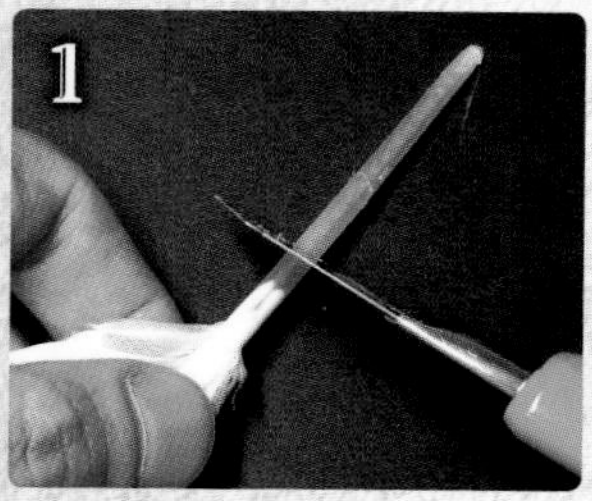

羽根の真ん中に筋が見える側を上に向けます．羽毛の付け根から約 2 cm の所にカッターの刃を当てます．

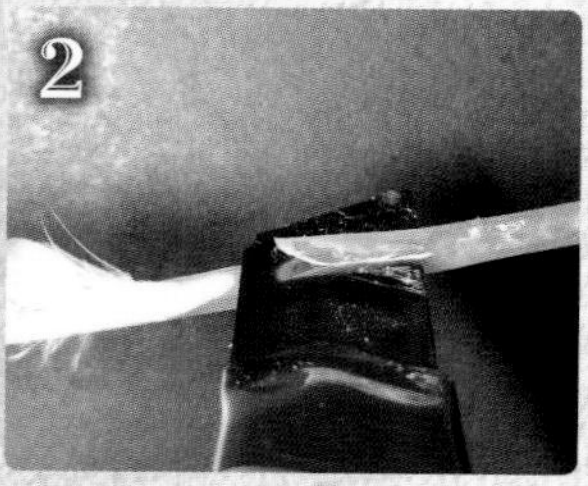

（羽根を横から見た図）写真のように，上から刃を入れてそのままカーブさせて羽根をカマボコ型のように半分に切ります．

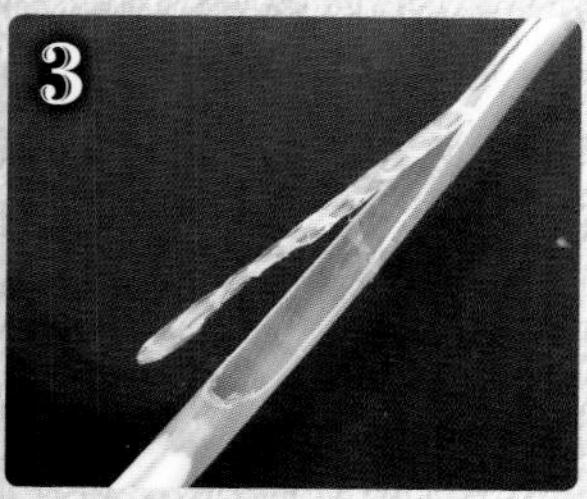

カニを食べたときに出てくる筋のようなものがあるので，つまんで取り除きます．

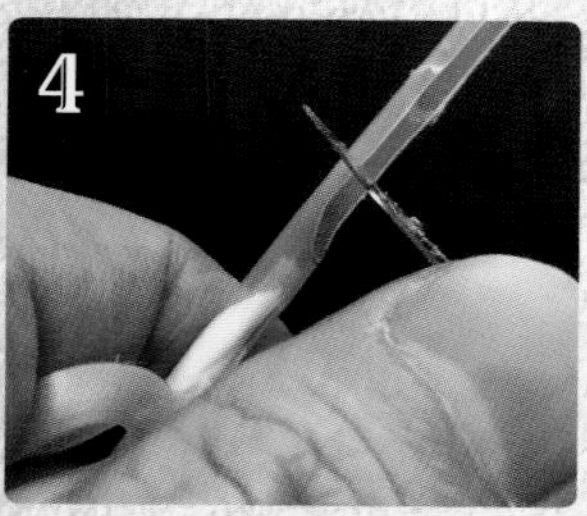

（横から見た図）切り目を入れた所から 1.5〜2 cm の所に刃を当てます．

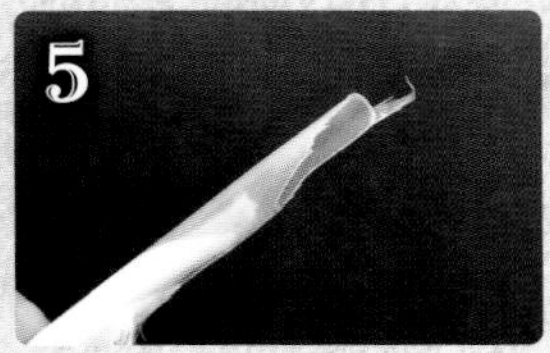

先に向かって斜めに切ります.

反対側も同様に切ります.

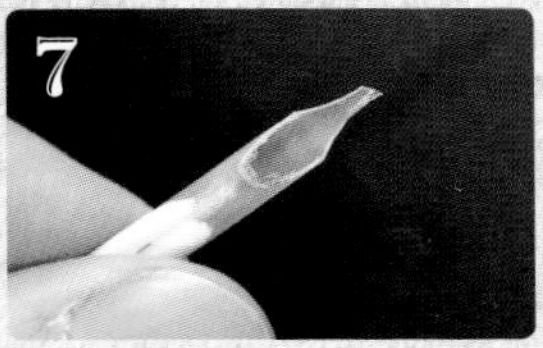

ペン先の形ができてきました.

横から見るとこのような感じ.

左右のバランスを見ながら, ペン先を整えていきます.

ペン先の形が大まかに整ってきました.

ペン先が裏向きになるように黒い紙の上に置き, カッターの刃先を押し割るようにして切れ目を入れます.

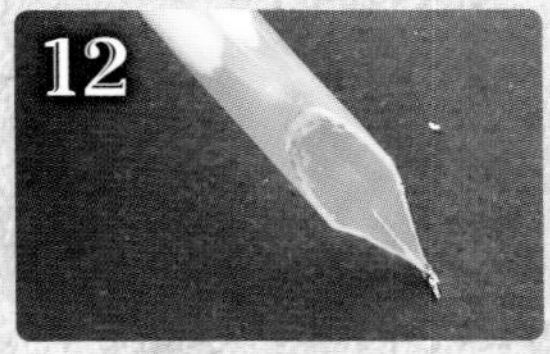

切れ目が入りました.

ペン先を少しハサミで切って揃えます.

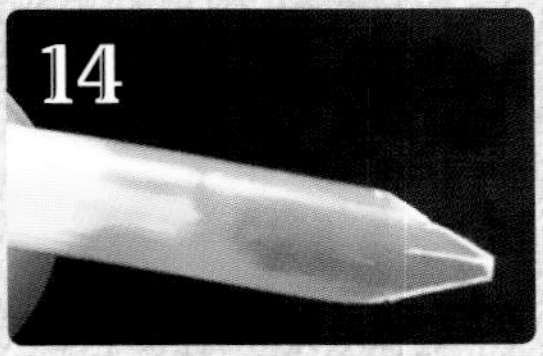

ペン先が平らになりました.

カッターでさらに整えて, 希望のペン先幅に調整します.

ペン先の加工が終わりましたが, このままでは持ちにくいため羽毛をむしります.

羽毛を少しずつつまみ, ペン先方向に引き抜きます.

持ち手ができるまで左右を引き抜きます. 写真のように左右で高さを変えると, バランスよく見えます. (ここでは羽毛付きタイプを紹介しますが, 中世の書記は羽毛をすべて剝いだ「軸ペン」を使っていました.)

机に置いて書く場合は、試し書き用の紙でインクを少し落としてから書くとよいでしょう。

試し書きをして, 必要に応じて調整します.

第三章 非西欧圏の羊皮紙文化

「羊皮紙」というと、ファンタジーの影響からか西洋文化が想像されがちですが、羊皮紙発祥の地は現トルコのペルガモン。その他、エジプトやペルシアなどで生まれたとも言われています。

いずれにしても、羊皮紙の故郷はヨーロッパではなく中東近辺なのですね。ここでは、見過ごされがちな「非西欧圏」の羊皮紙文化を紹介します。

1 文字が躍るスケートリンク
——磨き抜かれたビザンツの羊皮紙

「ビザンツ帝国」——この名を聞くと、聖堂に輝く黄金のモザイク画や、金背景が眩いイコンなどを思い浮かべる方が多いでしょう。そう、ビザンツは何といっても光りモノが大好き。

写本も例外ではありません。書物はまるで宝箱のような装丁がなされ、宝石がちりばめられているものもありました。その宝物のような本を開くと、羊皮紙に施された黄金背景の細密画が輝きます。でも、本のページ上で金が光を放つには、それなりの工夫が必要となります。

その工夫とは何でしょう？ それは、下地となる羊皮紙をテッカテカに磨くこと。ビザンツの羊皮紙はひときわ磨き抜かれているのです。金箔も金泥も、下地処理がその輝きを左右します。ザラザラだったら曇った黄土色にしか見えません。ページをめくるたびに周囲

図 3-1 ユダヤの巻物とエチオピアの冊子

の光を反射して輝くには、下地を滑らかにすることが必須条件。そのために、羊皮紙はメノウなど表面が滑らかな石で入念に磨かれます。図３－３は、一二世紀のビザンツ写本。羊皮紙の厚さを計測してみると〇・一八ミリととても薄いのですが、研磨過程で圧縮されたためか密度が高く、硬い感触です。紙というよりもプラ板のよう。さらに、白く塗工処理が施されています。卵白コーティングで艶出しをしてある写本もあるのです。

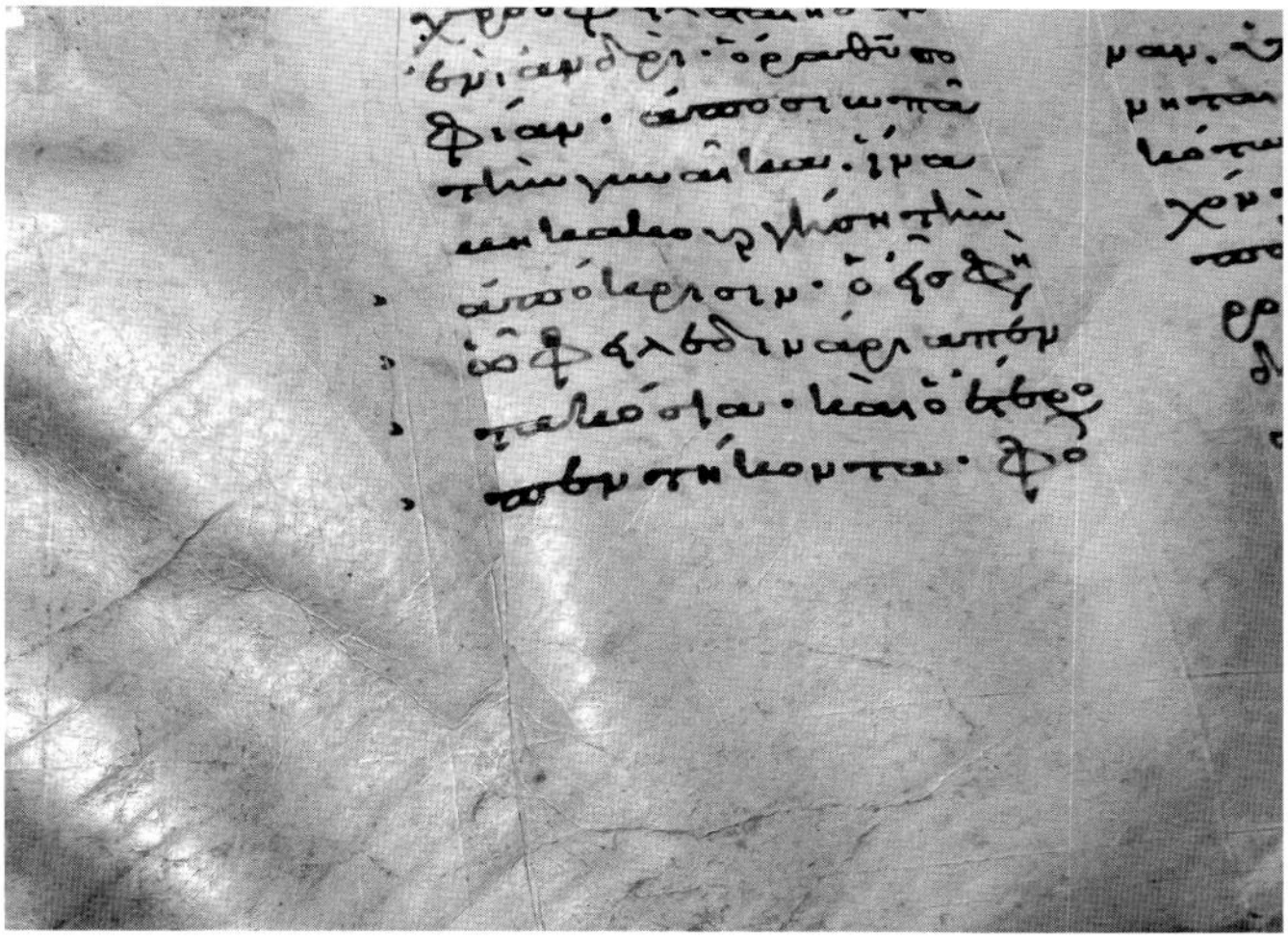

図 3-2　テカるビザンツの羊皮紙
（12 世紀コンスタンティノープル）

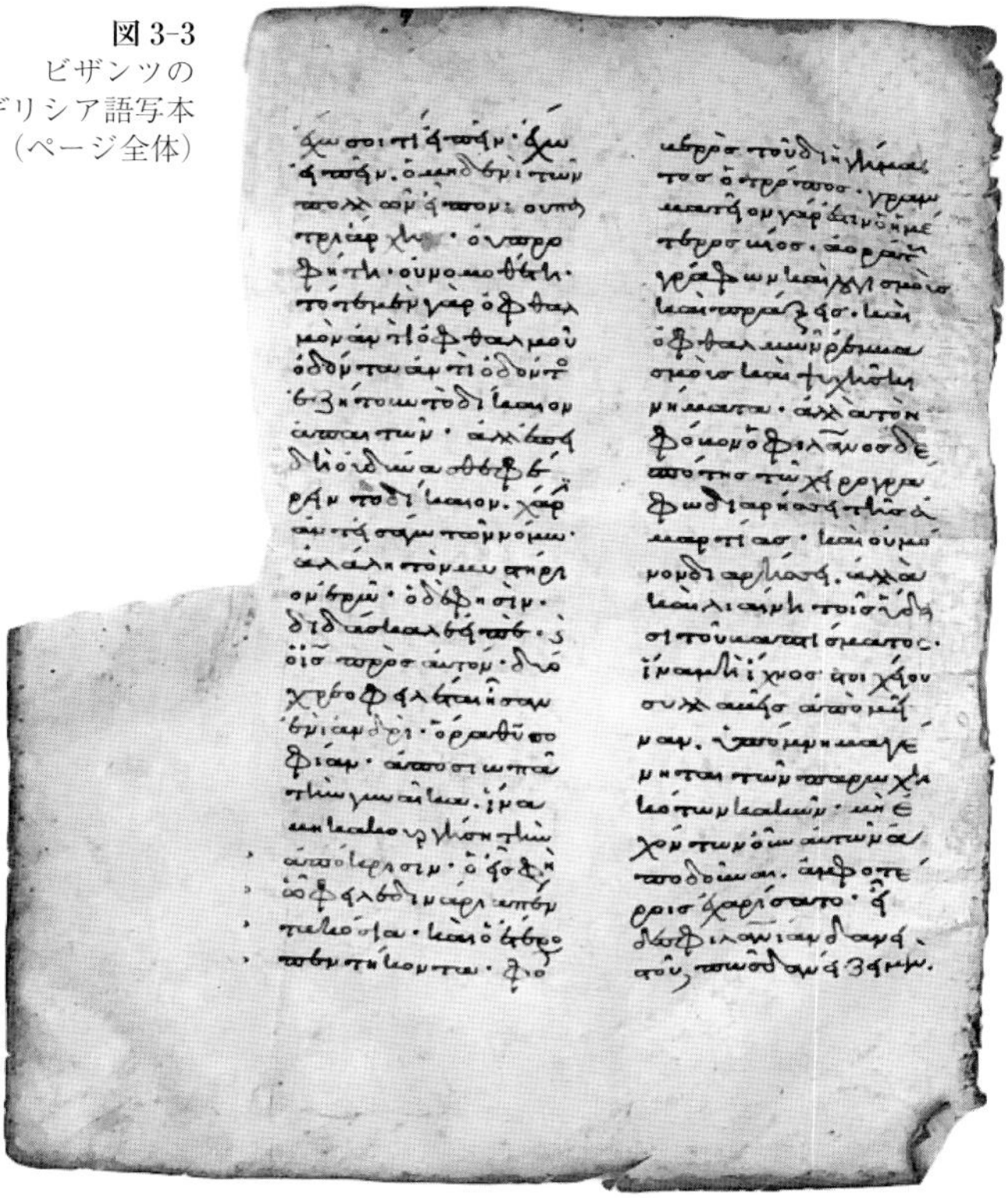

図 3-3
ビザンツの
ギリシア語写本
（ページ全体）

図 3–4　ビザンツのモザイク画
（イスタンブール，コーラ修道院）

図 3–5　メノウでの研磨

図 3–6　ビザンツ写本模写（筆者作）

ビザンツの公用語はギリシア語。ギリシア文字は、葦ペンで書かれます。特に、小文字の場合はペンを滑らせ流れるような筆致が特徴的です。滑らかなビザンツの羊皮紙は、あたかもスケートリンクのよう。フィギュアスケートのように葦ペンを縦横無尽に滑らせます。西欧で使われたゴシック体のような「直線カクカク」文字は、エッジがシャープに出るように羊皮紙表面を少し粗くしていますが、それとはまさに対照的。文字によって羊皮紙の表面処理が異なるというのも、面白いですね。

図 3-7　ノギスでの厚み計測（0.18 ミリ）

しかし、ここで問題が。あまりにもテッカテカにしてしまったため、数百年たった今、金や絵具が羊皮紙表面から滑り落ちて、見るも無残な姿になっているビザンツ写本が少なくないのです。

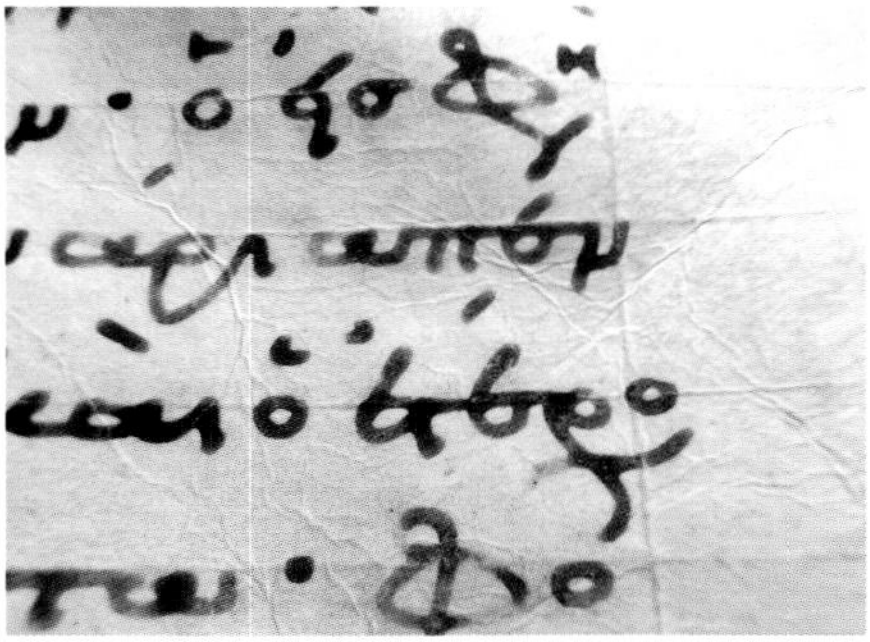

図 3-8　フィギュア選手のように踊るギリシア文字

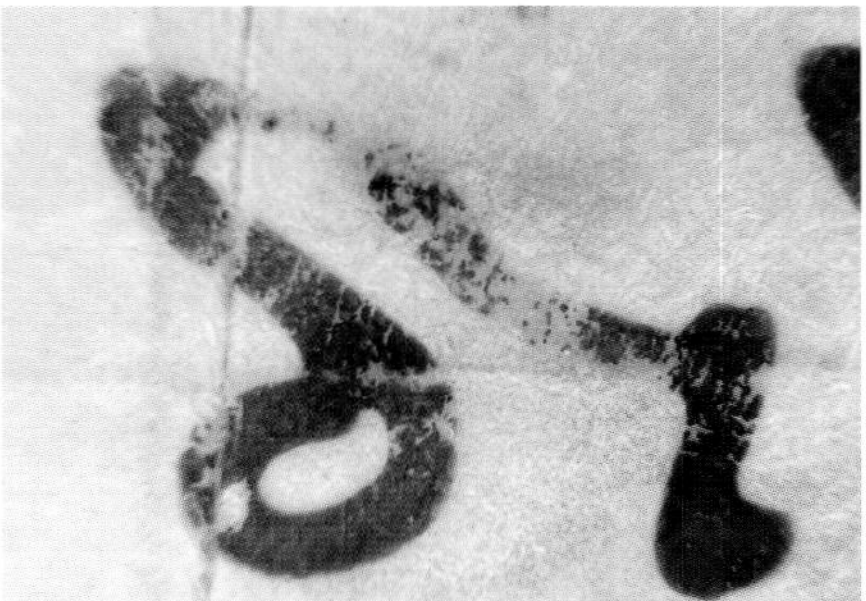

図 3-9　インクが羊皮紙表面から剝離している

おそらく中世においても、この問題は認識されていたのでしょう。一三〜一四世紀ビザンツの学者であるプラヌデスが、メルキゼデクという修道僧に送った羊皮紙購入についての手紙の記録が残っています。コンスタンティノープルには多くの蔵書を誇るコーラ修道院があり、その写本制

図 3-10　コーラ修道院外観(イスタンブール)

作用の羊皮紙を購入する際に選ぶべき品質について次のように記しています。

「卵白がコーティングされているものは避けるべし。その類のものは湿度が高くなると卵白がゆるくなり、文字が剝がれてしまうからだ(11)」

図 3-11　コーラ修道院内部(イスタンブール)

何においても土台が大切。地に足が着いていないと、時とともに輝きも剝がれる——ビザンツの羊皮紙が、現代の私たちに身をもって伝えるメッセージです。

2 知られざる宝——アルメニアの羊皮紙聖書

「アルメニア」と聞いて、すぐに地図で正確な位置がわかる人もそう多くはないかもしれません。カスピ海と黒海の間、トルコの東、イランの北といえば、なんとなく想像がつくでしょうか。

アルメニアは、キリスト教徒が大部分を占める国。実は世界ではじめてキリスト教を国教と定めたのは、アルメニア王国だったのです。それは西暦三〇一年のこと。ローマ帝国がキリスト教を国教とした三九二年よりも前なのですね。

図 3–12　アルメニア語のモザイク（エルサレム聖墳墓教会）

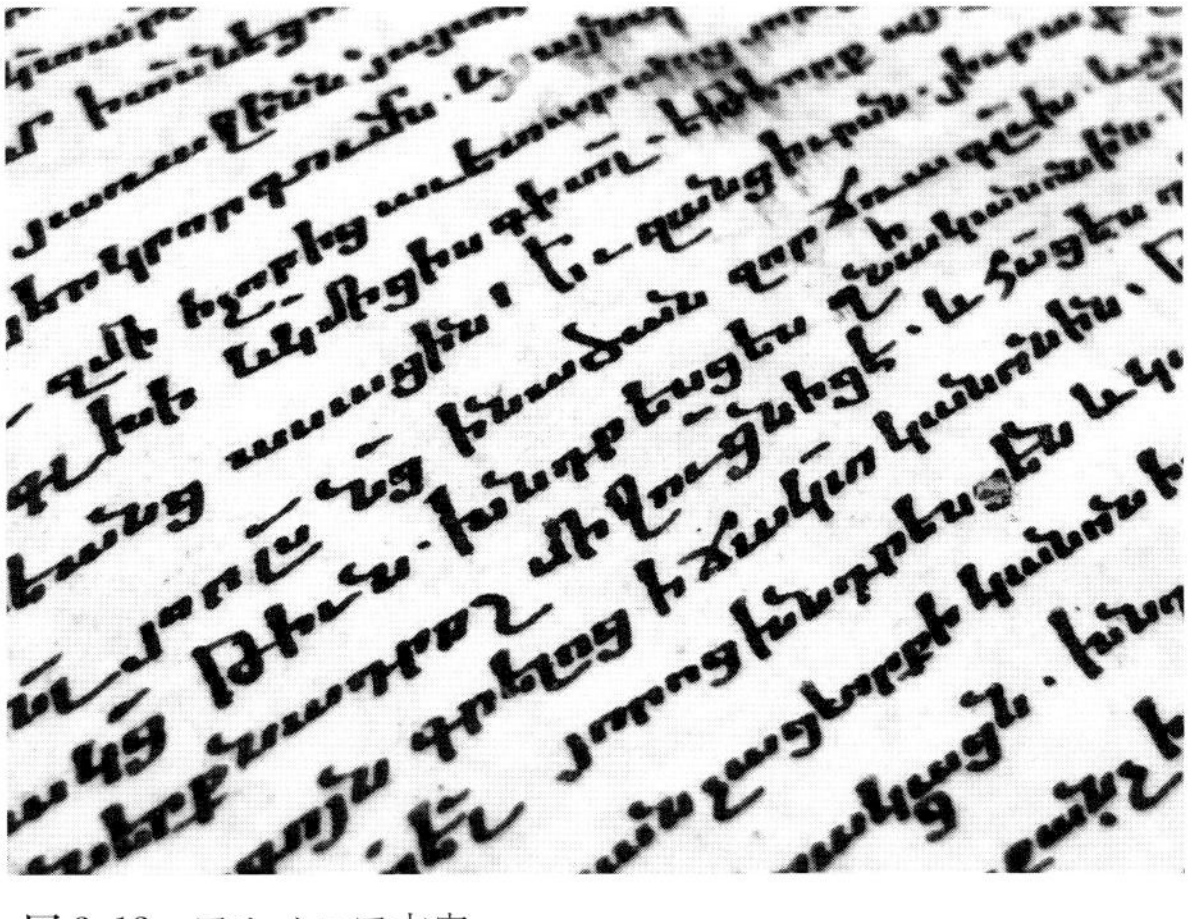
図 3–13　アルメニア文字

アルメニアの歴史はとっても複雑。大国であるビザンツとペルシアのはざまにあり、他国の支配を繰り返し受けてきました。一九九一年まで旧ソ連の一部であったことも、記憶に新しいと思います。歴史の渦に呑まれながらも、アルメニアは独自の文化、言語、文字を民族のアイデンティティとして守り抜いてきたのです。

アルメニアで写本文化が花開いたのは一三世紀。当時のアルメニアは現在の位置とは異なり、アナトリア半島（現トルコ）の付け根、地中海沿岸に「キリキア・アルメニア王国」として存在していました。それまでにも、当時アナトリア半島の大半を支配していたビザンツ文化の影響を色濃く受けた福音書の数々が作られてきました。アルメニアの写本文化に革命を起こしたのは、一三世紀中盤の写本画家トロス・ロスリン（一二一〇～七〇頃）。装飾の様式や細部の描写、構成や色使いまで、それまでの伝統を打ち破る功績を遺しました。インドに赴いて、新たな顔料や絵画技法を持ち帰ったとも言われています。

　図3－14の写本は、まさに一三世紀キリキア・アルメニア王国の羊皮紙写本。〇・一五ミリ厚の薄手の羊皮紙で作られています。毛側が削られているため、動物種は見た目では判別できませんが、顕微鏡では褐色の毛根が観察できます（図3－16）。当時はビザンツ写本同様、山羊皮が主流でした。その他仔牛皮を使っている写本も多くあります。ビザンツの羊皮紙とは異なり、テカテカに研磨はされていませんが、比較的滑らかな

図 3-14　アルメニア語福音書（13 世紀キリキア・アルメニア王国）

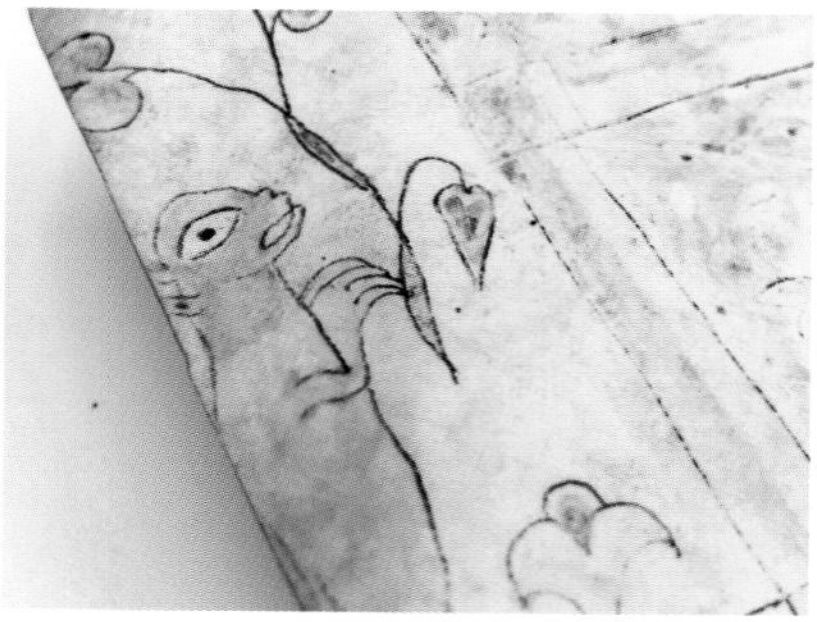

図 3-15
欄外に登場する
かわいらしい「ライオン」

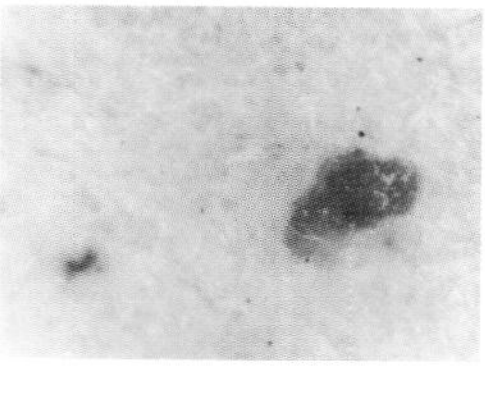

図 3-16
褐色の毛根（顕微鏡撮影）

図 3-17　アルメニア国立古文書館マテナダラン（エレバン）
（画像出典：Mikhail Pogosov / Shutterstock.com）

表面です。

複雑な歴史の中で民族存亡の危機を幾度となく経験したアルメニアにとって、その写本は民族の宝。首都エレバンには、「マテナダラン」という古文書館があり、世界有数規模の写本を所蔵、展示しています。一九九〇年に発行された旧ソ連の五ルーブル記念硬貨には、アルメニアを代表するマテナダランと、アルメニア文字が書かれた羊皮紙の巻物が描かれているほど象徴的。アルメニアでは、小学校から写本について学ぶ歴史の授業があるため、アルメニア

図 3-18　旧ソ連の５ルーブル記念硬貨

人にとって写本や羊皮紙は大変身近なものなのです。

そのアルメニア、とりわけキリキア王国時代の写本の伝統を今に受け継ぐのが、首都エレバン在住の写本細密画家アルトゥール・テングリヤンさん。アルトゥールさんは、一九九八年からキリキアの伝統技法で写本芸術作品を数多く制作しています。

図 3-19　アルメニア人細密画家
アルトゥール・テングリヤン氏
（画像提供：Artur Tngryan）

アルトゥールさんが作品制作で使用するのはアルメニアの山羊皮。靴やバッグ用のレザーを作る職人さんが羊皮紙も作っており、その羊皮紙を購入していたと言います。しかし、二〇二〇年にその職人さんが他界してしまい、現在はその息子さんがニーズに応じて制作しているとのこと。その他、首都エレバンから車で東へ約一時間の所にあるガルニ神殿近くでも羊皮紙作りが行われています（主に打楽器用）。

アルメニアの美しい写本細密画を再現した作品は、現在もお土産品や美術品として当地で多く販売されてはいますが、アルトゥールさんは当時の素材と技法をできるかぎり忠実に用い、形を似せるのではなく、当時の写本に込められた心を伝えるための作品作りに励んでいるとのこ

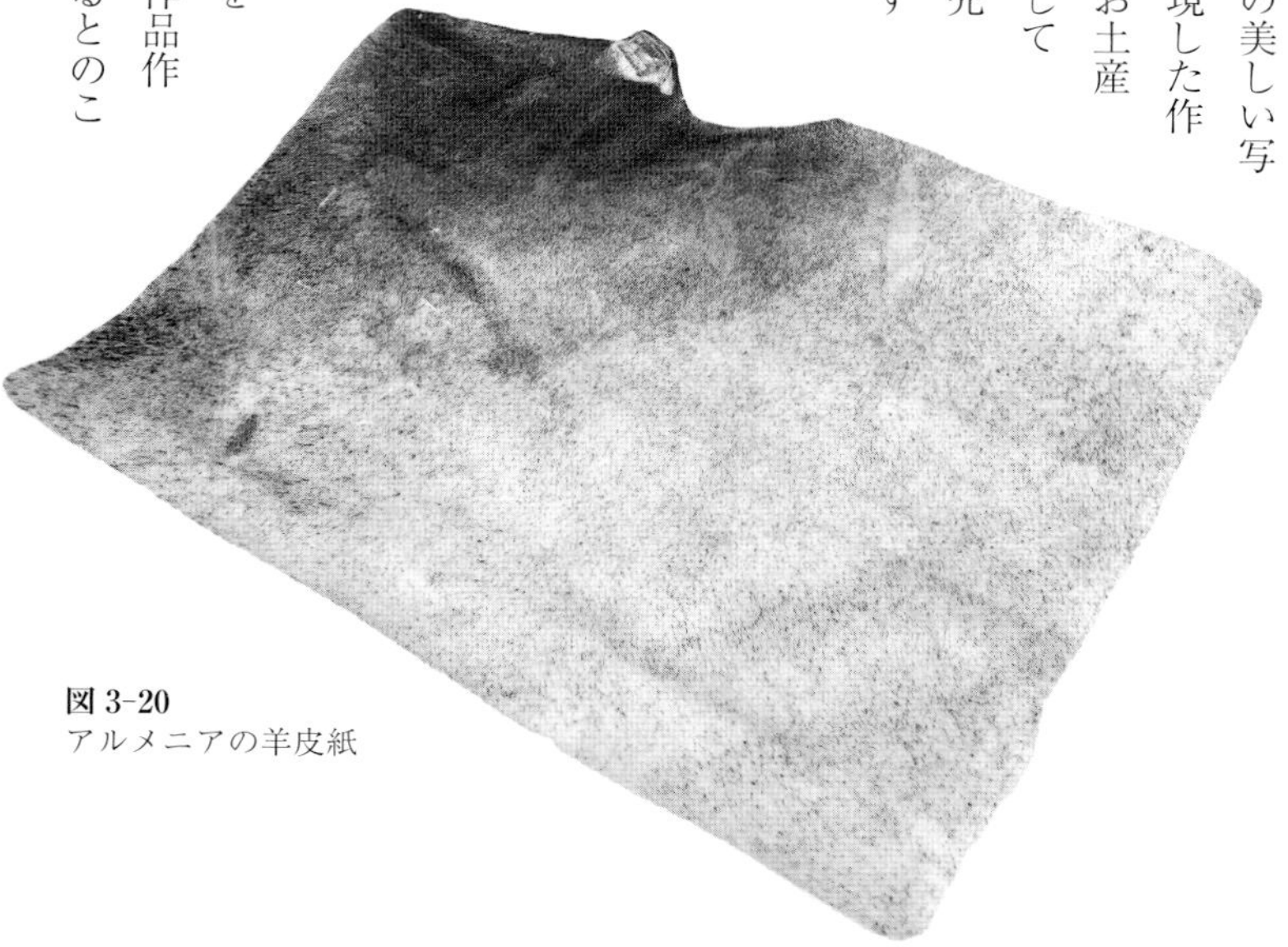

図 3-20
アルメニアの羊皮紙

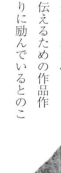

と。「制作において最も大変なことは？」との質問には、「忍耐」と答えます。精緻な細密画を仕上げるのは、気の遠くなるような細かい作業。制作前も制作中も、祈りを捧げつつ筆を進めると言います。

日本では馴染みが薄いながらも、ヨーロッパの写本にも全く引けを取らない美しさと豊かな歴史を誇るアルメニアの羊皮紙写本。ものづくりに携わるアルトゥールさんは、「日本人の創造力と技術に対して深い尊敬の念を持っている。日本の皆さんに、アルメニアが誇る羊皮紙写本の伝統をこの機会に知ってもらえるようになり、とても嬉しい」と語ってくれました。

図 3-21　現代によみがえるトロス・ロスリンの写本(アルトゥール・テングリヤン氏作)

図 3-22　大天使ガブリエルの姿として描かれたアルメニア文字「գ」(ギーム)の装飾イニシャル

3　細かすぎる！——羊皮紙に関するユダヤの掟

紀元前一三世紀頃に成立したとされる由緒ある宗教、「ユダヤ教」。有名な「死海文書」もユダヤ教のものですね。

このユダヤ教は、生活のあらゆる側面に細かな規則を設けていることでも知られています。たとえば、「安息日」である週末は仕事をしてはいけないという掟があります。手を使うことが「仕事」とみなされるため、敬虔なユダヤ人家庭では金曜日夕方前に週末分の食事を作り置きしておくという徹底ぶり。

羊皮紙に関しても、かなり厳しい掟が定められているのです。

ユダヤ教の律法書『トーラー』（旧約聖書の『モーセ五書』）をはじめ、家庭の護符（お守り）である「メズザー」、そして祈りの際に身に着ける「テフィリン」に収められている巻物は、「羊皮紙で作りなさい」と規定されています。その規定は、「ユダヤ法

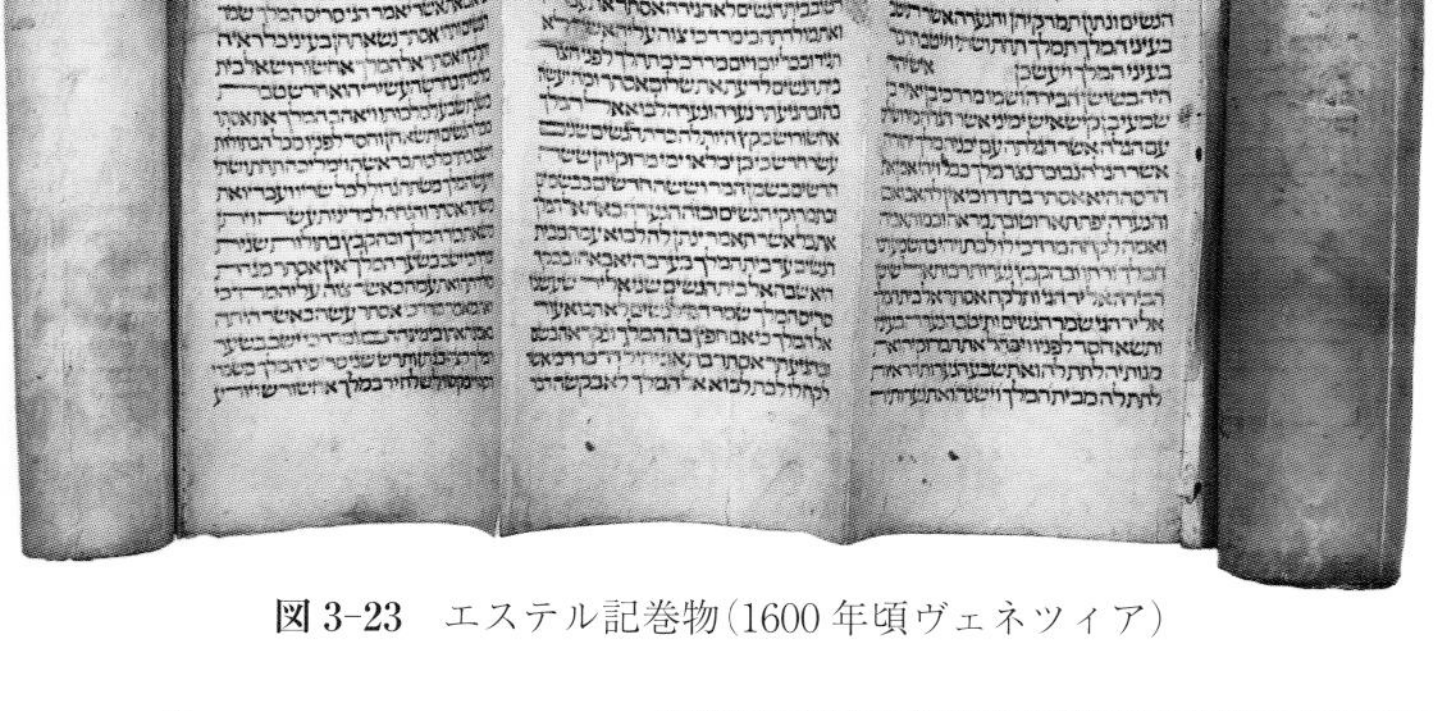

図 3-23　エステル記巻物（1600 年頃ヴェネツィア）

図 3-24　エルサレム嘆きの壁で祈る人々

図 3-25　『ミシュネ・トーラー』写本断片
（植物紙．14 世紀頃）

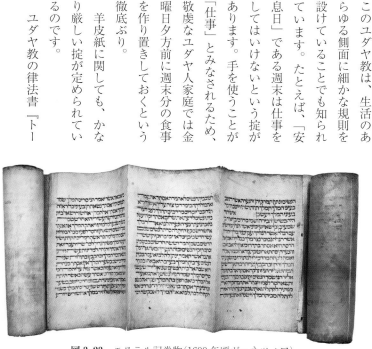

大全」ともいえる一二世紀後半の書物『ミシュネ・トーラー』(モーゼス・マイモニデス著)に明記されているもの。「羊皮紙を使うべし」という定めにとどまらず、使用できる羊皮紙の種類などが事細かに決められています。何よりも大事な神の言葉を支えるもの――細かな規定は当然でしょうね。

その一部を簡単に紹介しましょう[12]。

① 羊皮紙に使える動物は、ヒヅメが分かれているもので、食物を反芻する動物のみ(牛・山羊・ひつじは条件に合うが、豚は反芻しないのでNG)

② ユダヤ教の規定に従って屠畜された動物を使うべし(屠畜方法の規定は別途あり)

③ ユダヤ人が制作すること。ユダヤ人でない場合は、ユダヤ人の監督者が必要

④ 「この羊皮紙は聖典のため」という意図を持って制作をすること

筆者は、二〇〇八年にイスラエルの羊皮紙工場へ見学に行きました。①〜③の規定はしっか

図 3-26 イスラエルの羊皮紙工場(ベト・シェメシュ)

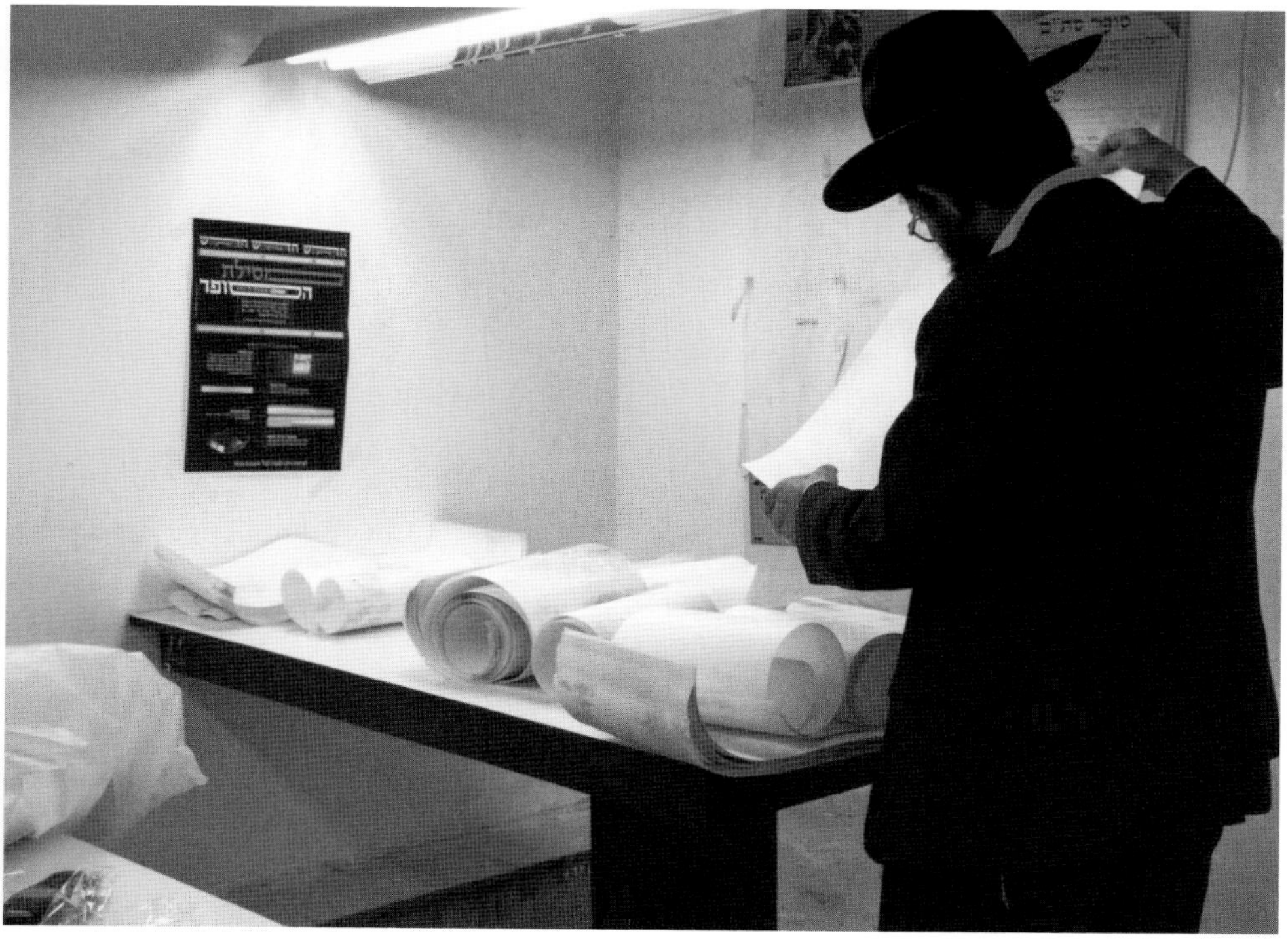

図 3-27　エルサレムの羊皮紙販売店(メア・シェアリーム地区)

り守っていることが確認できたのですが、[4]は人の脳みその中のこと。直接確認のしようがありません。しかし、工場の壁に「トーラーのために羊皮紙を作っていると工場長が宣言済み」というA4サイズのコピー用紙が貼ってありましたので、掟を意識しているのでしょうね。

　羊皮紙への筆写に関しても、「肉側を削ってある羊皮紙にはその肉側に、毛側を削ってある羊皮紙にはその毛側に筆写するべし」という掟があります[13]。つまり、表面が削り落とされ元々外界や体内に触れていなかった面に筆写しなさいということ。これは、旧約聖書箴言二五章二節「ことを隠すのは神の誉れ」[14]という聖句から来ているといわれています[15]。隠れていた面こそが清いという解釈です。単に研磨してあり書きやすいからという理由もあるでしょうが、より高次な理由付けのために神の言葉を用いているところが、「ユダヤ的」と言えるでしょう。

イスラエルでは今でも各地に羊皮紙販売店があることから、羊皮紙を用いた様々なアート作品が作られています。エルサレム在住のカリグラファー、アブラハム・ボルシェフスキーさんも、羊皮紙アーティストの一人。ユダヤ教公認書記の資格を持つアブラハムさんは、旧約聖書の聖句やユダヤ教のお守りを羊皮紙に筆写。また伝統を踏襲しつつ、羊皮紙の毛側の色を作品の一部として効果的に活かすなど、

図 3-28　アブラハム・ボルシェフスキー氏
（© Marc Israel Sellem）

図 3-29　毛側の模様を活かした現代イスラエルのカリグラフィー
（アブラハム・ボルシェフスキー氏作．アート作品には筆写面の規定はない）

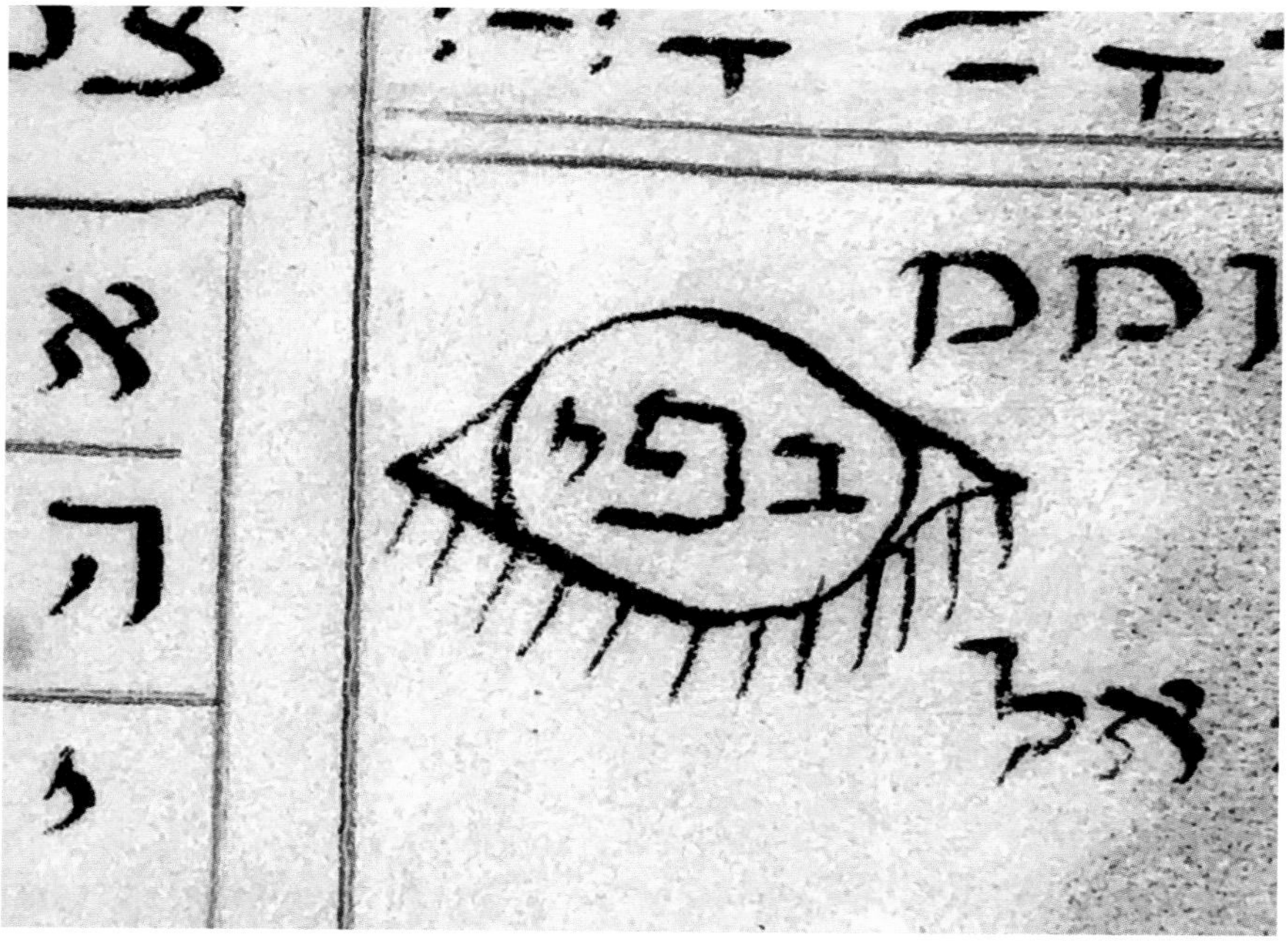

図3-30　ユダヤ神秘主義の羊皮紙護符（部分）（現代イスラエル）

神秘的な羊皮紙アートの世界を創っています。

4　くたばれサタン
——ユダヤ神秘主義「カバラ」

前項で紹介したように、ユダヤ教には細かな掟が無数にあります。基本的に「神の掟に従う」ことを重視する教えです。神が「やれ」と定めているからやる、「やるな」ということはやらない。

そのメインストリームのユダヤ教とは少し違うアプローチが、ここで紹介する「ユダヤ神秘主義」。別名「カバラ」とも言われます。個人的な神秘体験を追求する、どちらかというと「オカルト的」な雰囲気がありますね。そのようなアプローチにおいて、霊的存在に直接訴えかけるような様々な護符が、羊皮紙で作られてきました。

ここで紹介するものは、「邪視《じゃし》」、つまり悪意を持った眼差しに対抗する護符です（図3―31）。

図3―31の最上部には「すべてを支える生ける神への祈り。この護符を与えられるものが、邪視と争いから守られ、慈しみと恵み、神の祝福が与えられ

んことを」という文言がヘブライ語で記されています。

中央の「目」は何でしょう。何やら文字が書いてありますね。これは、邪視に対抗するための略語。旧約聖書創世記四九章二二節「ヨセフは実を結ぶ若木[16]」という文章から取った三文字です。日本語でいうと「ヨセフは実を結ぶ若木」で「ヨ・ミ・ワ」といったところでしょうか。

ここで登場するヨセフという人は、ユダヤ人の祖先ヤコブの息子で、一〇人の異母兄が

図 3-31 邪視から保護する羊皮紙護符

いました。純粋かつ誠実な若者なのですが、父ヤコブから特別な寵愛を受けていたため、異母兄たちから嫉妬の眼差しを向けられます。そのうえヨセフは、いわれのない罪を着せられ、周囲から疑いの目に曝されることに。そのような眼差しに対してもヨセフは屈せず、「心の目」で物事を見、難解な夢を解釈できるという特殊な能力を発揮。ついにはエジプトのファラオの夢を見事解き明かし、ファラオから宮廷の責任者として任命されました。邪視に対抗するには、心の目で本質を見極

めること。この護符の「目」が示しているメッセージです。

　この護符は、危害を加える者に対して強い言葉も投げかけています。対象は邪視を向ける人ではなく、その背後にいるサタン。ここで、直接霊に語りかけるユダヤ神秘主義の本領が発揮されます。この護符の底部には「קרע שטן（クラ・サタン）」という文言が。日本語に訳すと、「くたばれサタン」！

図 3–32　ファラオ（右端）に夢の解釈をするヨセフ（左端）（1754 年オランダ語聖書）

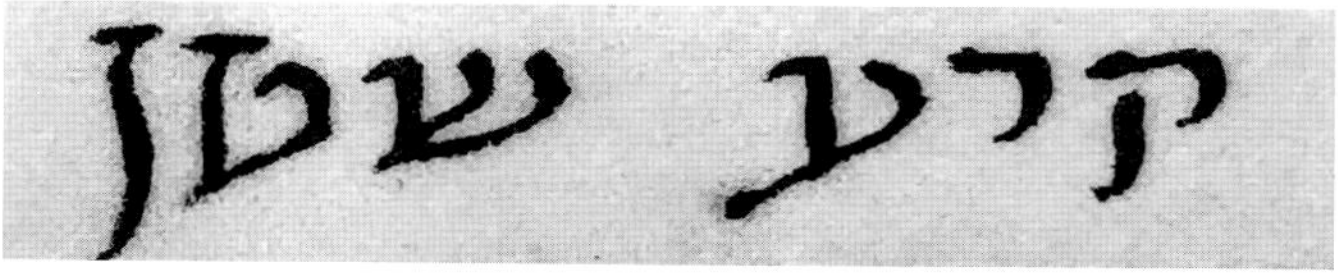

図 3–33　くたばれサタン（ヘブライ語は右から読んで「クラ・サタン」）

　そもそも、なぜカバラの護符は羊皮紙に書かれるのでしょうか。「護符は羊皮紙に書くこと」という掟が定められているわけではありません。羊皮紙には、霊的な存在にメッセージを届ける不思議なパワーがあるのでしょうか。そこで、アメリカに住むユダヤ神秘主義者のダニエル・パーカー氏に「護符に羊皮紙が使われる理由」を伺いました。

　その答えは、「羊皮紙自体に力があるわけではなく、聖書の文言やヘブライ文字に最大の敬意を払うため、ユダヤ教の律法書『トーラー』で使われている羊皮紙を護符にも使用する」とのこと。

　つまり、「大切なものには、それにふさわしい土台を使う」という意味合いなのですね。紙が普及している時代においても、神の言葉や神への祈りに最大の敬意を払う理由から、それを支えるに最もふさわしい支持体として、羊皮紙が使われてきたのです。

5　シバの女王が伝えるもの
——エチオピアの聖書と護符

羊皮紙を語るにおいて、アフリカの国エチオピアは外せません。聖書から護符、アート作品など、現代に至るまで羊皮紙を活用しているのです。そこには、前項のユダヤ文化とのつながりも関係しています。

旧約聖書には、古代イスラエル王国のソロモン王のもとに、シバという国の女王が謁見に来たというくだりがあります（旧約聖書列王記上一〇章）。これが「シバの女王」。エチオピアの伝説では、エチオピアの女王マケダのことであるとされています。エチオピアには、古くからユダヤ人も多く居住してきました。それらのユダヤ人は、ソロモン王とシバの女王の子で初代エチオピア王メネリク一世の子

図 3-34　シバの女王とソロモン王

図 3-35　皮に描かれたシバの女王とソロモン王全体図（20 世紀頃エチオピア）

孫であるという伝承があります。

　ユダヤ教が伝わった後、キリスト教もエチオピアに伝来しました。新約聖書の使徒行伝八章には、エチオピア人の宦官《かんがん》にキリストの福音が伝えられるという話が記されています。ときは紀元一世紀。その後、西暦三二五年頃にキリスト教が国教に定められました（当時のエチオピアは「アクスム王国」）。前述のアルメニアに先を越されてしまいましたが、ローマ帝国がキリスト教を国教と定めた三九二年に先んじています。現在に至るまで、エチオピアではキリスト教の伝統は連綿と受け継がれてきました。聖書などの文書は、羊皮紙にゲエズ語という言葉で記されています。

　エチオピアの羊皮紙作りは、紀元前一世紀から行われていたといわれます。ユダヤ世界のように、現在でも実用の

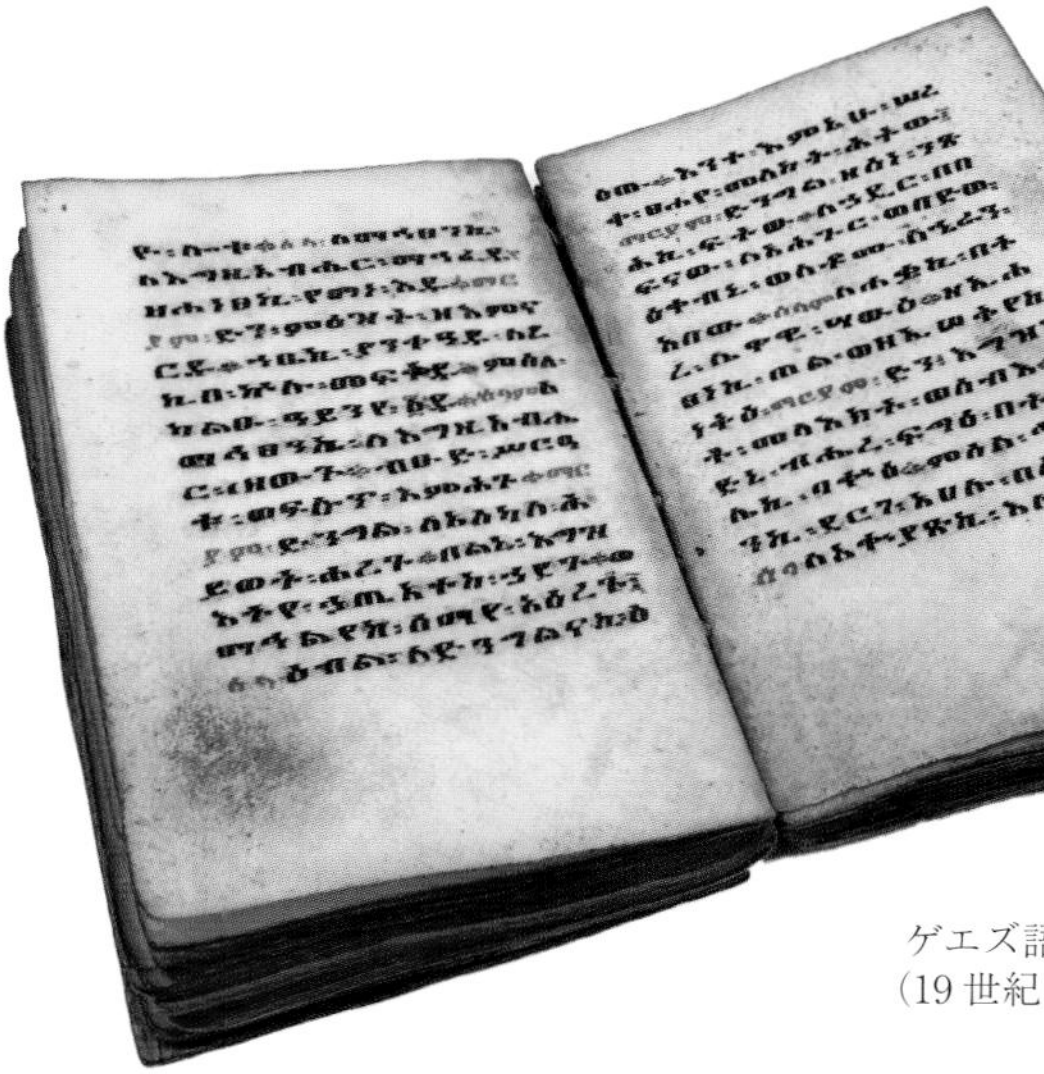
図 3-36
ゲエズ語の羊皮紙聖書
（19 世紀頃エチオピア）

図 3-37　ちょっとポップなゲエズ文字

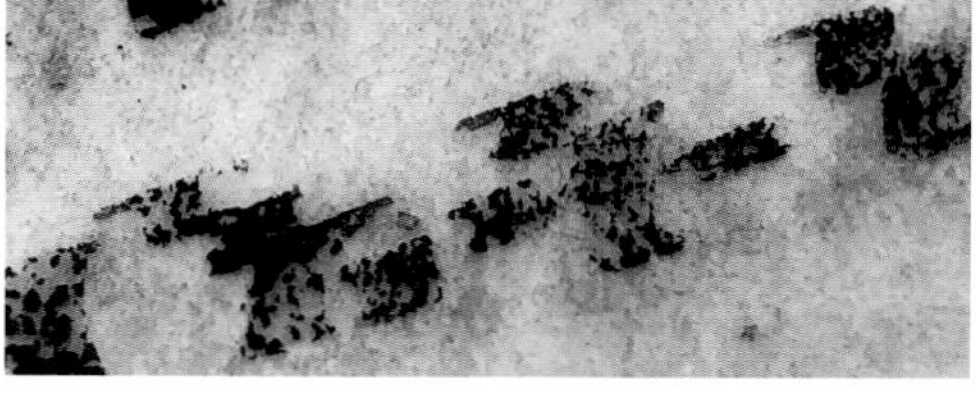
図 3-38　顔料インクなので文字が剝がれる

ために羊皮紙と写本が作られているのです[17]。羊皮紙作りの工程は比較的シンプル。木枠は第一章で紹介したような、取っ手を回してテンションを調整するタイプ（一七頁）ではなく、太い木の枝を組み合わせただけのもの。ほぼ長方形にカットした原皮の四辺に細い木の枝を突き刺し、その枝にヒモを結んで、一回り大きな木枠に結び付けます。しかも、脱毛工程も木枠に張った状態で手斧を使って行われます。山羊皮を使用するので、脂の処理もほとんど不要。白亜の粉を摺り込んで乾燥させれば完成です。

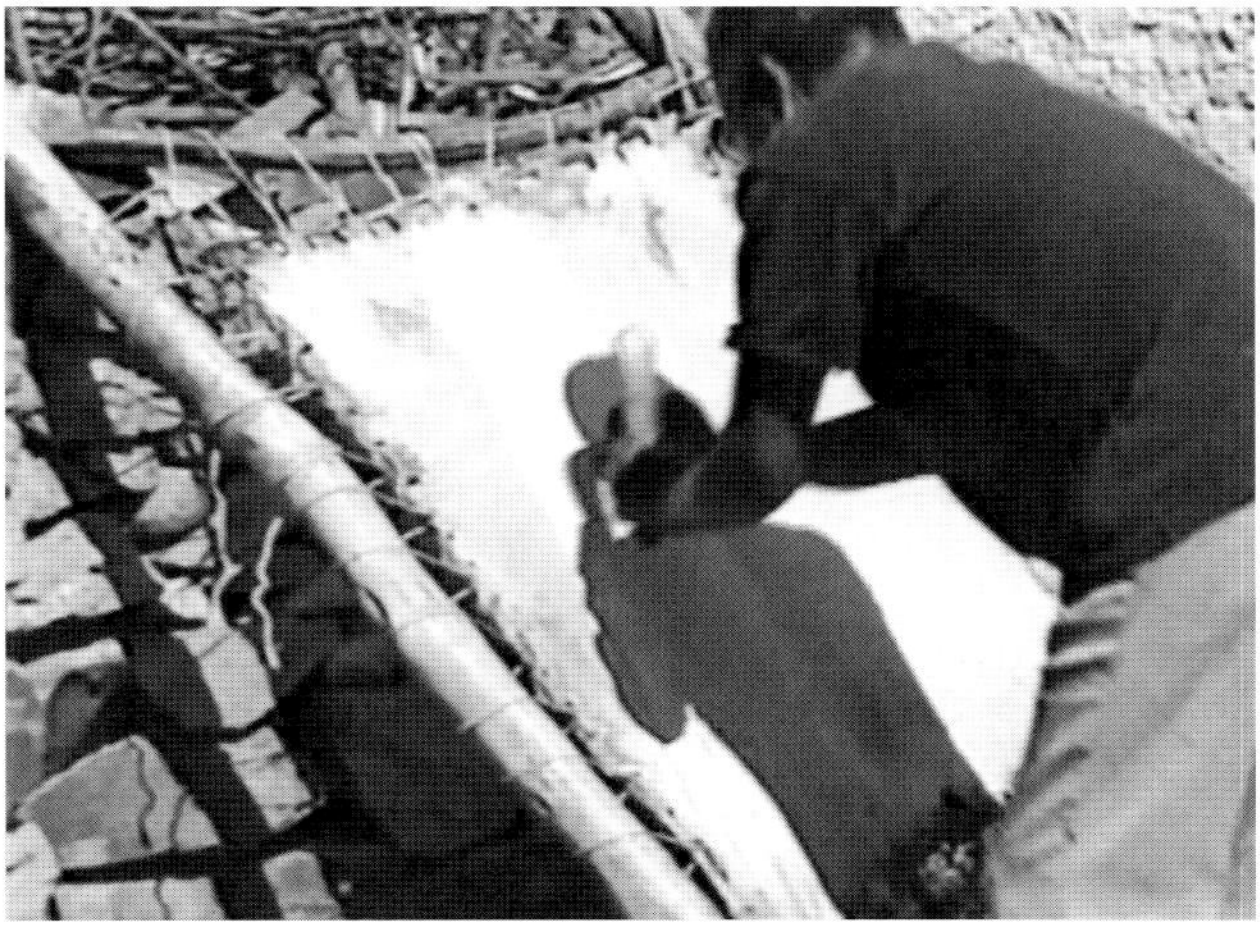

図 3-39　エチオピアの羊皮紙作り（画像出典：*The Parchment Makers: An Ancient Art in Present-Day Ethiopia*. Scriptorium: Center for Christian Antiquities, 2000）

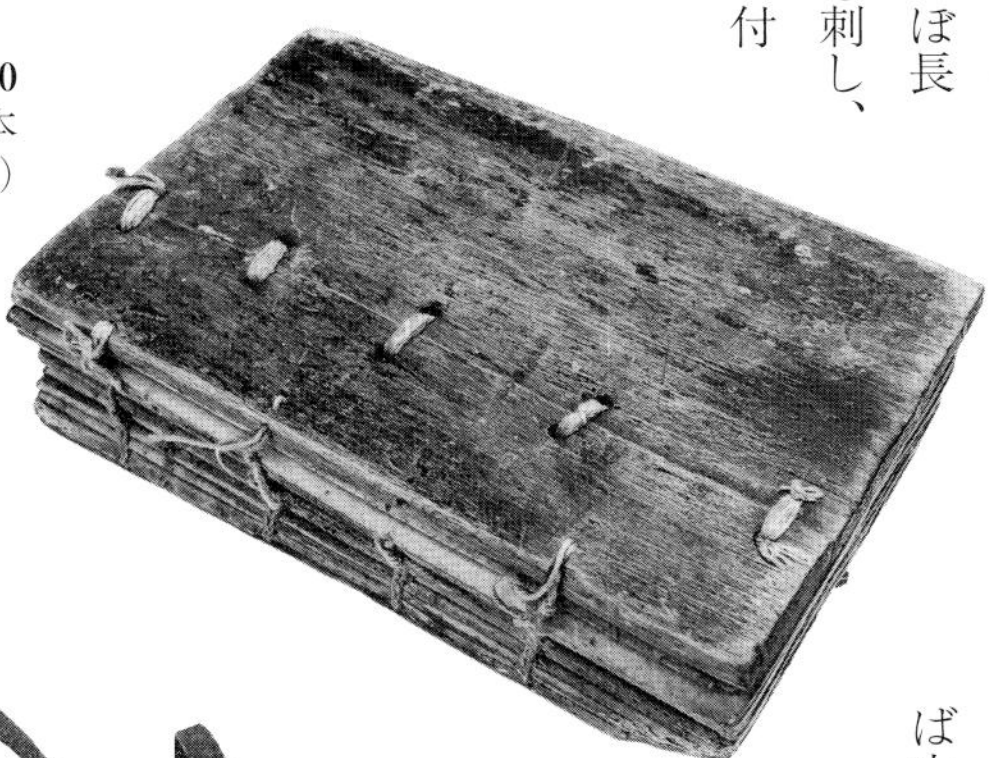

図 3-40
エチオピア製本
（19 世紀頃エチオピア）

図 3-41　専用レザーバッグに入れて持ち歩く

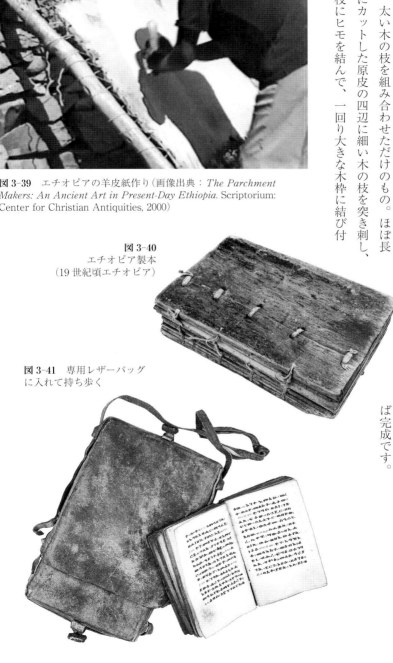

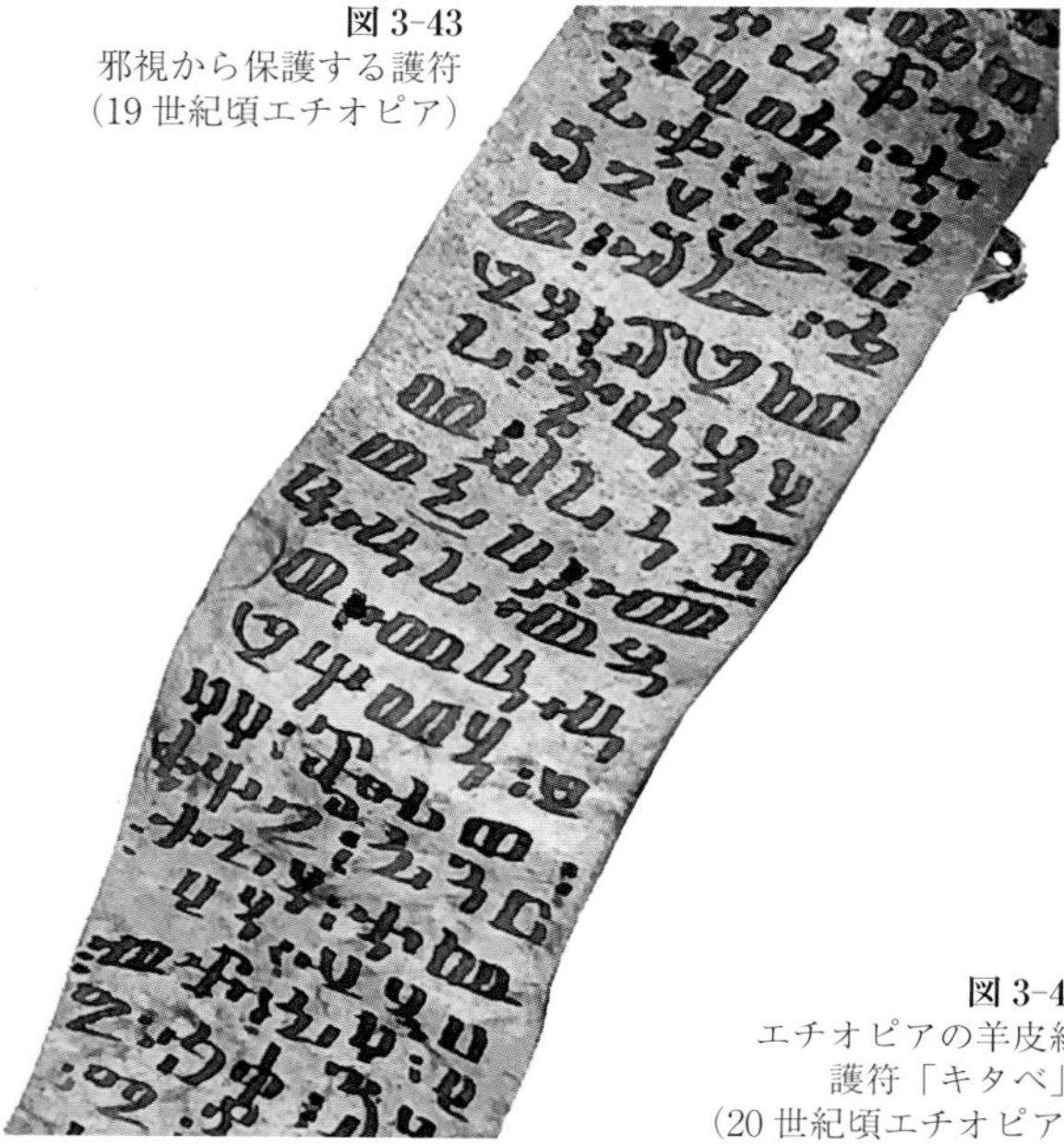

図 3-43
邪視から保護する護符
(19 世紀頃エチオピア)

図 3-42
エチオピアの羊皮紙
護符「キタベ」
(20 世紀頃エチオピア)

羊皮紙ができたら、写本作りがはじまります。羊皮紙には鉄筆で筋を付けて罫線とし、ススをでんぷんで溶いたインクで文字を筆写します。聖人の名前は赤土などで作った赤インク。しかし、このタイプのインクはススや赤土の粉を羊皮紙に接着しているだけですので、図3－38のように剝がれ落ちてしまうことも。第二章で紹介した、羊皮紙を染め上げる「虫こぶインク」のほうが、羊皮紙との相性はよいようです。

最後に、木の板を表紙に製本をして完成。図3－41のような専用レザーバッグに入れて持ち運びます。結構オシャレ。

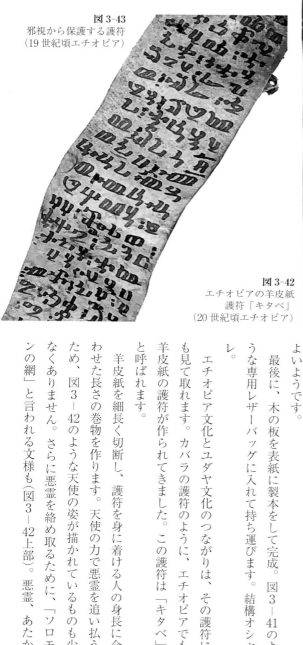

エチオピア文化とユダヤ文化のつながりは、その護符にも見て取れます。カバラの護符のように、エチオピアでも羊皮紙の護符が作られてきました。この護符は「キタベ」と呼ばれます。

羊皮紙を細長く切断し、護符を身に着ける人の身長に合わせた長さの巻物を作ります。天使の力で悪霊を追い払うため、図3－42のような天使の姿が描かれているものも少なくありません。さらに悪霊を絡め取るために、「ソロモンの網」と言われる文様も(図3－42上部)。悪霊、あたかも虫のような扱いですね。

図3―43の護符は、先ほどのカバラと同様、邪視から守るもの。内容を要約すると、こうなります。

「数々の天使の名によって悪霊に命令する。退散しろ！」

カバラの「くたばれサタン」と似ていますね。

護符が完成したら、香の煙で燻《いぶ》します。物理的な保存の意味もありますが、霊的な浄化です。最後に、かなりきつく巻いて、レザーのケースに収納。糸で縫い付けてしまうので、中身は見えなくなります。どことなく日本のお守りのようですね。お守りの中身はわからなくても、身に着けていれば何かご利益があるという感覚と同じでしょうか。その護符ケースにはヒモを通す穴が設けられていますので、ペンダントとして肌身離さず付けておきます。

ユダヤとエチオピア――羊皮紙文化から見ても共通点がある、とても面白い関係です。

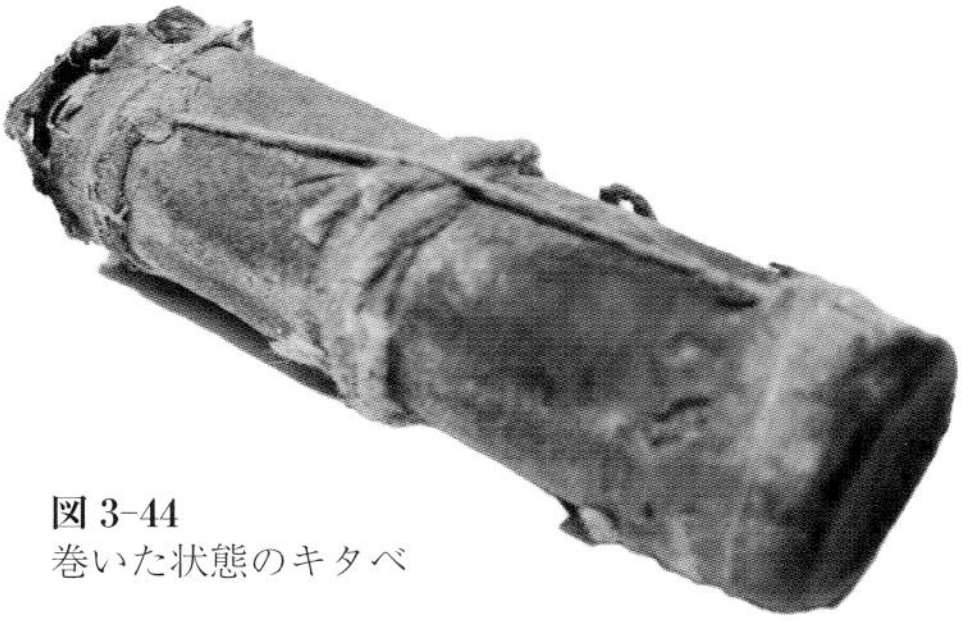

図 3-44
巻いた状態のキタベ

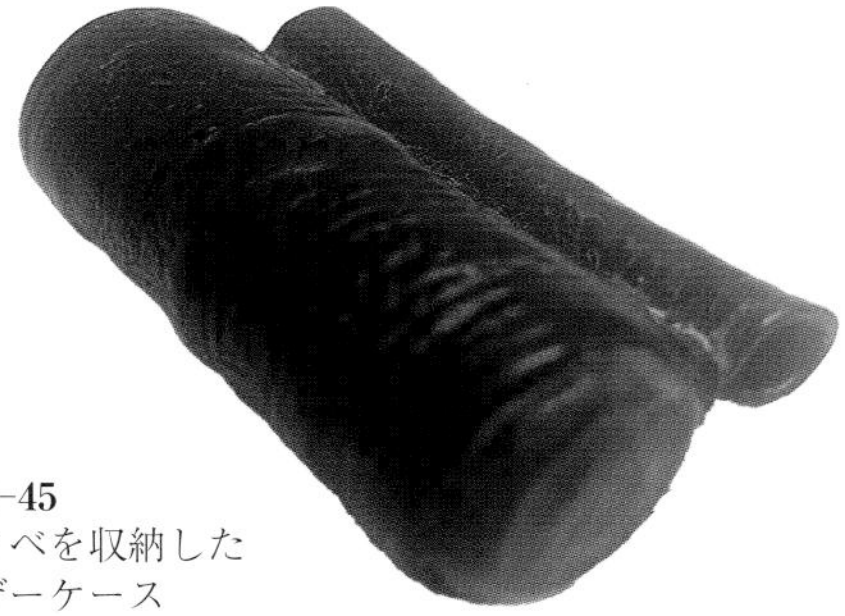

図 3-45
キタベを収納した
レザーケース

6　砂漠の宝――コーランに宿る真理

預言者ムハンマドにより七世紀に成立したイスラム教。聖典であるコーランは、当初羊皮紙にしたためられました。アラブ圏の羊皮紙作りは、イスラム以前から行われていました。六世紀アラビアの詩人タラファは、ラクダの美しさを「彼女の頬はシリアの羊皮紙のよう」と称えています[18]。美しさの比喩として用いられている羊皮紙、一体どのような質だったのでしょうか。

羊皮紙研究の大家ロナルド・リード博士（一九一九～九〇）は、著書 *Ancient Skins, Parchments and Leathers*（古代の皮、羊皮紙およびレザー）（一九七二）で「西洋のひつじは牧草豊富な土地で育てられるため太って脂が多い。一

図 3-46　ヨルダン荒野のひつじと羊飼い

図 3-47　ヨルダン・ペトラ遺跡の山羊とひつじ

方、東洋のひつじは牧草が乏しい環境で育つため脂が少ない」と記しています[19]。中東のひつじは、図3－46のような「ヘアシープ」。クルクルウールではなく、ほぼ直毛で、寒さから身を守る必要がないため皮下脂肪が少ない品種です。書写材としては、脂が少ないほうがインクの乗りがよいのです。

　実際にそのような動物の皮から作られた羊皮紙は、どのようなものだったのか。それを調査するために、羊皮紙コーランを大量に所蔵しているバーレーンの首都マナマにある、「ベイト・アル・クルアーン（コーラ

図3-48　コーランの館（バーレーン）

ンの館《やかた》）」を訪ねました。改装のため閉館中にもかかわらず、遠く日本から訪れるということでわざわざ開けてくださったのです。館長と羊皮紙修復のチームが出迎えてくださいました。コーランには「旅人に親切であれ」（四章三六節）という教えがあります。コーランの館はまさにその教えを実践しているところだと感じ入りました。

　羊皮紙のコーランを見てまず気づく特徴は、その多くが横長の判型であること。イスラム最初期のものは縦長の判型なのですが、キリスト教の聖書などと明確に区別するために横長に変え

たそうなのです[20]。秘かなる対抗意識が羊皮紙に込められているのですね。

また特に目を引くのは、アラビア文字が大きくゆ〜ったりと書かれていること。単語の途中でも大きくスペースが取られています。羊皮紙一ページに対して一〇単語ほどしか書かれていない。これは、貴重な羊皮紙を贅沢に使用することで、神の威厳を表しているとのことです。第二章で紹介した、「写本の余白をあえて大きく残す」という中世フランドルでの流行と似ていますね(四三頁)。

コーラン羊皮紙の厚さや手触りを確認したかったのですが、さすがにそこは貴重品中の貴重品。いくら旅人をもてなすとは言っても、博物館としての責任もあるのでしょう。触れることはできませんでした。

こうなったら、やはり自分で購入してみるしかありません。後日、思い切ってオークションで「一〇世紀の羊皮紙コーラン」を手に入れました。これで実際に、アラブの詩で謡われたほどの手触りを確かめられる!

図 3-49　10 世紀の羊皮紙コーラン(コーランの館蔵)

でもそれが実際に一〇世紀のものなのか。まずはそこを確かめないとはじまりません。念のため放射性炭素年代測定をかけたところ得られた結果は……

図 3-50　「10 世紀」の羊皮紙コーラン

図 3-51　放射性炭素年代測定

「推定西暦二〇〇〇年頃のもの」

二〇〇〇年って、つい最近じゃないですか……。一〇世紀でないにしても、せめて一五世紀や一八世紀あたりであれば、歴史的な価値はありそうですが……。あまりにも最近すぎて、逆に清々しささえ感じられる結果でした。結局本物のコーラン羊皮紙の手触りは確認できず……。

しかも、この「贋作コーラン」に書かれているのは、よりによって第一二章、誠実なユースフの物語。「ユースフ」とは、ユダヤ神秘主義の項(七三頁)で紹介した「ヨセフ」のアラビア語読みで、同一人物です。誠実、純粋で、最も偽りから遠い人。そのうえ、このコーランの三～四行目に書かれているのは次の第七節。

図 3-52 「本当にユースフとその兄弟(の物語の中)には,(真理を)探求する者への種々の印がある」の該当個所

「本当にユースフとその兄弟(の物語の中)には、(真理を)探求する者への種々の印がある」(聖クルアーン一二章七節[21])

「偽物」が真理について語ることの矛盾……。まさに、科学分析という探求をしてはじめてわかった「ニセモノ」という真実。ユースフ(ヨセフ)のように本質を見極める目を持つことが大切だと、このコーランは逆説的に教えてくれたのでしょうか。

図 3-53 ユースフ／ヨセフ(中央)とその兄弟(1754 年オランダ語聖書)

実は、歴史的に見ても、イスラム世界において羊皮紙文書の偽造は問題になっていました。このような贋作問題だけでなく、第二章で紹介したように、羊皮紙は削ればすぐ

に修正できてしまうのです(四〇頁)。そこで、八~九世紀バグダードを首都とするアッバース朝のカリフ、ハールーン・アッラシード(在位七八六~八〇九)が、国家が発行する文書をすべて植物紙にするという命を下したといわれています[22]。ハールーン・アッラシードといえば、かの有名な『千夜一夜物語』でも、随所に登場している王様です。

そのバグダードではいち早く紙が使われはじめましたが、はるか西のモロッコやスペイン(当時はイスラム圏)では、一四世紀頃まで羊皮紙が使われ続けていました。

比較的早い時期に羊皮紙を卒業したイスラム世界ですが、二一世紀においても、コーランの言葉をモダンアート調にした羊皮紙作品などが作られています。図3―55はパキスタンのカリグラファー、M・ウスマンさんの手による書。円の中にある「アッラー」の文字を中心に、細かなアラビア文字でコーランの文言をしたためた圧巻の品です。あまり知られていませんが、パキスタンでは現在でも羊皮紙が作られています。打楽器の皮に使われる他、先に紹介したバーレーンの「コーランの館」などで、古いコーランの修復にも使われているのです。

次章では、歴史を通してここで紹介したような「偽造」と壮絶な戦いを繰り広げてきた羊皮紙の証書類について見ていきましょう。

図 3-54　羊皮紙コーラン(大英博物館蔵)(13 世紀スペイン)

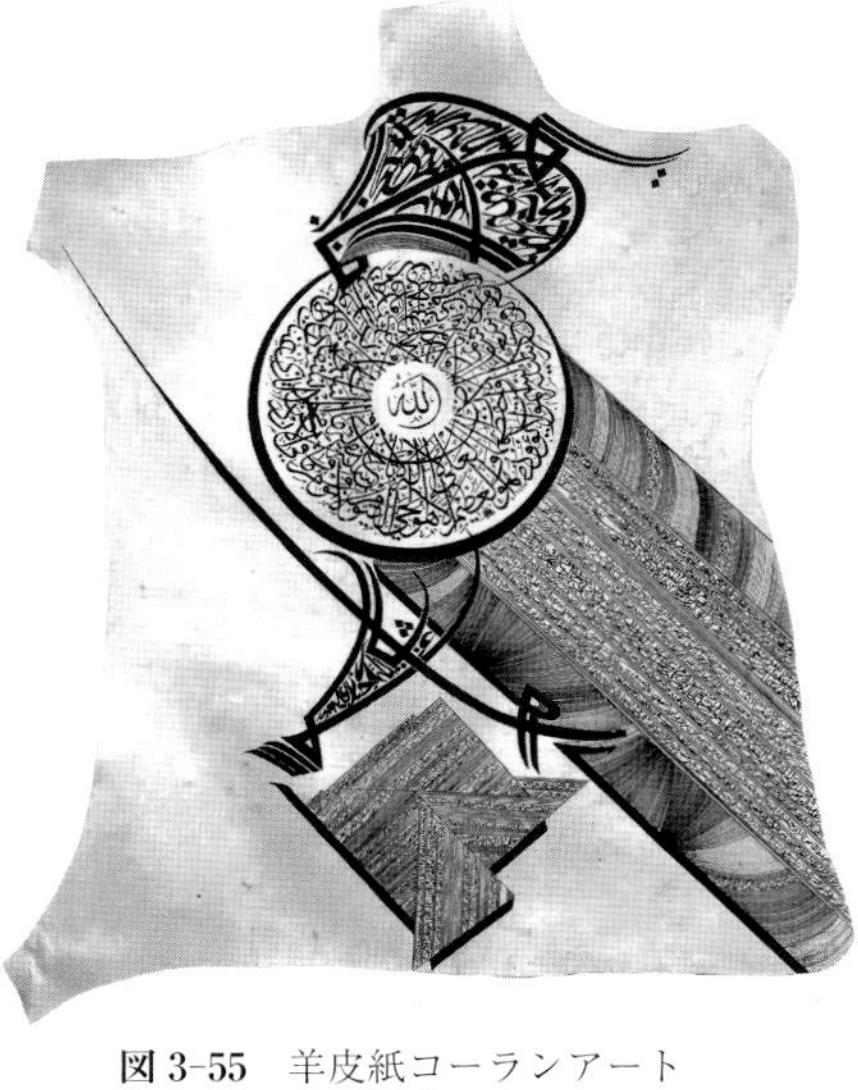

図 3-55　羊皮紙コーランアート
(2019 年ラホール)

コラム
Column

集めてみました　世界の羊皮紙

現在でも世界約三〇か所で羊皮紙が作られています。そのいくつかを集めてみました。
それぞれの特徴が分かりやすい「毛側」を掲載しています。
サイズの目安として、一センチ角の白黒のマスを配置して撮影しました。
ただし、ここで紹介するものはほんの一例。
各国・各社様々な商品があります。
撮影や印刷の関係で、実際の色合いとは異なる場合があることにご留意ください。

イギリス

英国王室御用達，ウィリアム・カウリー社の仔牛皮（マニュスクリプト・ヴェラム）．完全無欠の白さと滑らかさが特徴．

アイルランド

ヴェラム＆パーチメント・ワークス社の仔牛皮．表面を軽く毛羽立てた質感が心地よい．ここでうっすらと写っているのは血管の跡．打楽器にも使用．

フランス

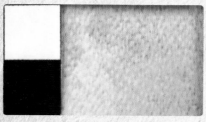

アンティーク文具のエルバン社が販売する山羊皮．ミカンの皮のような凹凸と，カサカサした質感が特徴的．

ドイツ

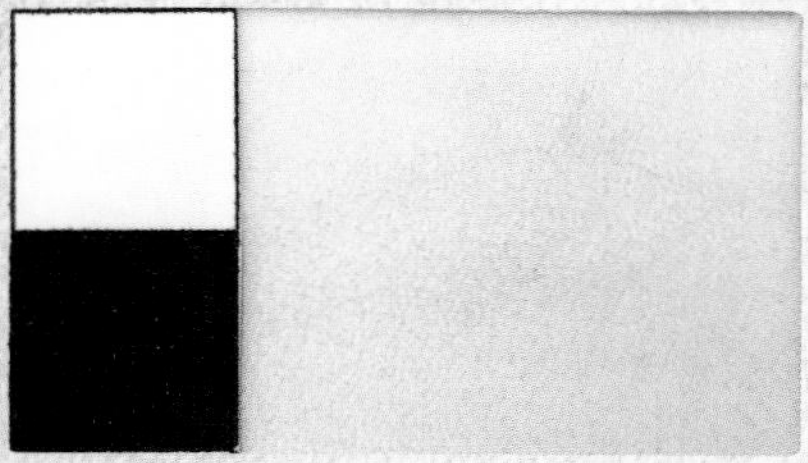

アルテンブルガー・ペルガメンテ社の滑らかな仔牛皮．サテンのような滑らかさが病みつきに．

イスラエル

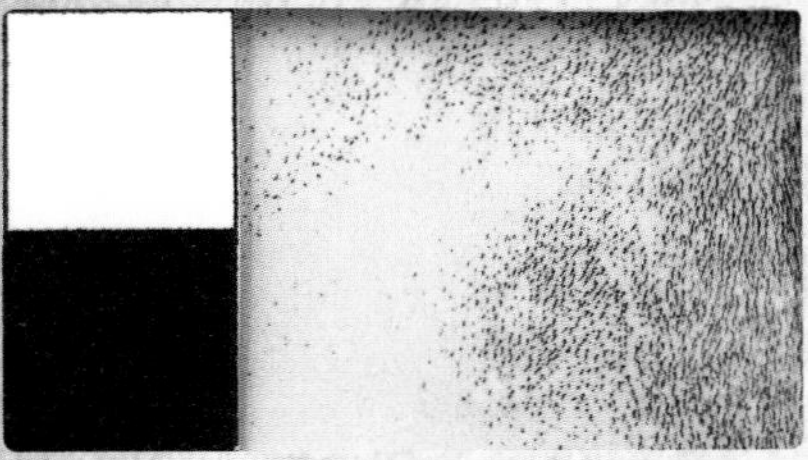

クラフ・バック社の仔牛皮．巻物文化が残るユダヤ教では，肉側のみを整え，毛側はノータッチのことが多い．仔牛の毛の模様がくっきりと残る様子は芸術的．

スペイン

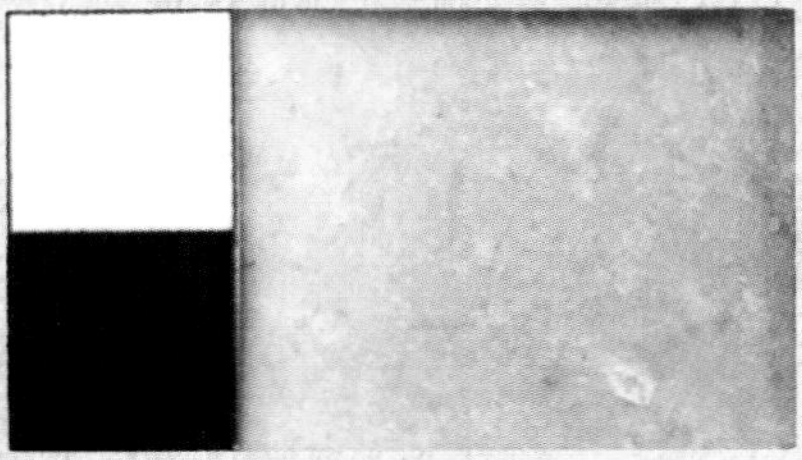

アルテ・ペルガミノ社のひつじ皮．表皮を剝いであり，カサカサした軽い質感がまるで和紙のよう．

アメリカ

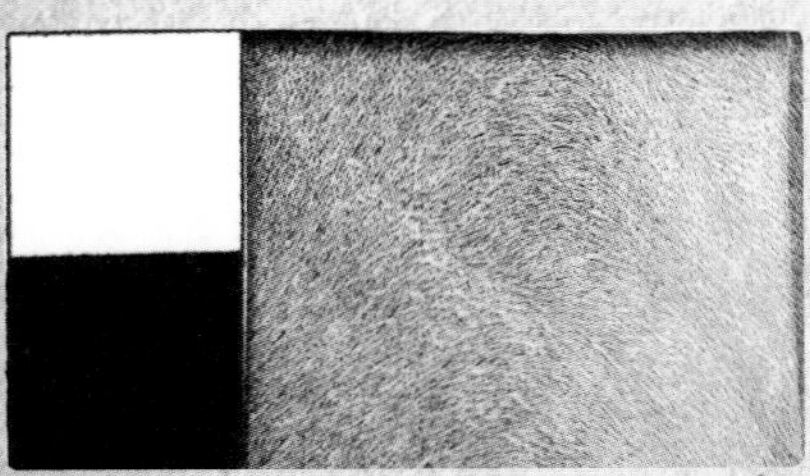

ニューヨークのペルガメナ社の仔牛皮．自身がアーティストの職人ジェシーさんが作る仔牛皮は天然の質感を活かし，それ自体がアート作品．

アルメニア

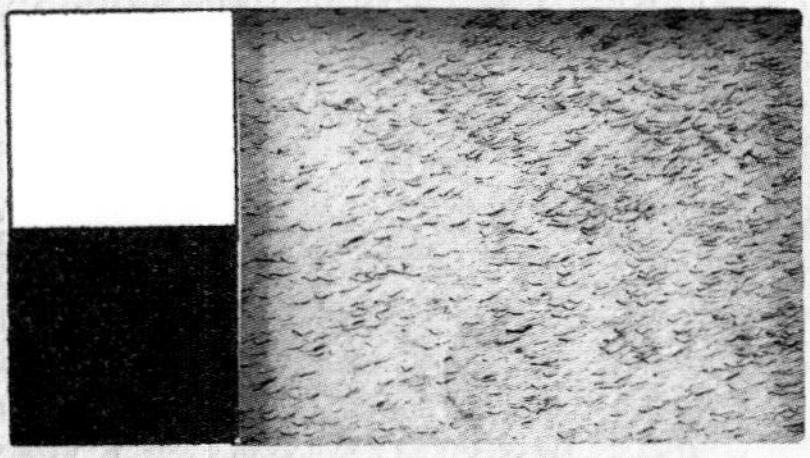

前述のアルトゥールさんが使用している山羊皮．毛根が目立ち，動物感満載．

ブラジル

ブラジル・パーチメント社の山羊皮．まるでレザー製品のような，きちんと感のある整然とした品質．

トルコ

カレ・デリ社の山羊皮．かつてビザンツの中心だったコンスタンティノープル（現イスタンブール）の山羊皮は，滑らかな白さが美しい．

コロンビア

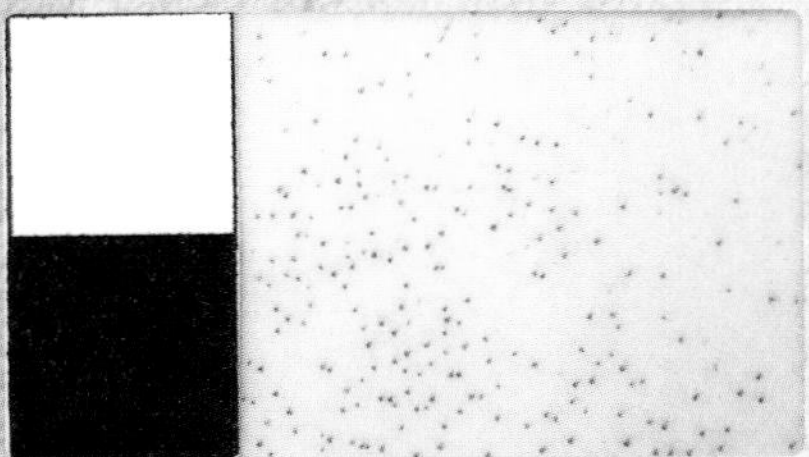

クルティエンブレス社の山羊皮．コロンビアの山羊皮は，毛根によるムラが残る黄色っぽい色合いが雰囲気あり．

ギリシア

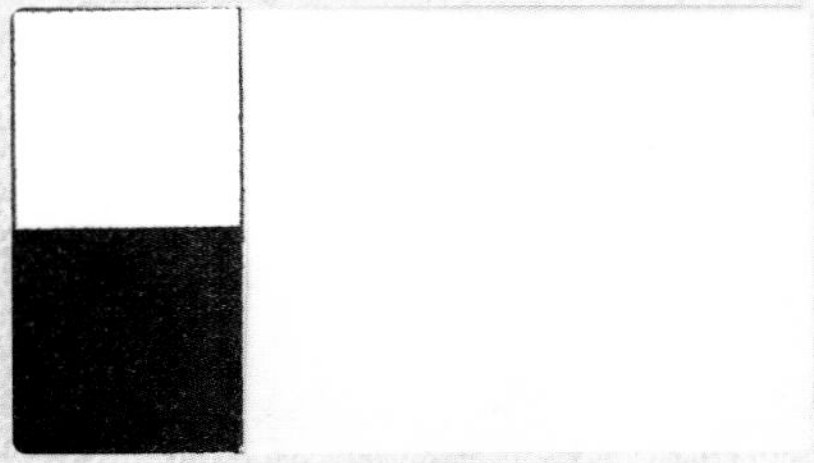

アンフィサにあるヴァシレイオス・アヴゲリノスさんの工房で作られた山羊皮．表面は凹凸が目立たず，滑らかな質感．

第四章

羊皮紙文書の世界

西欧において、一一世紀から一五世紀にかけて植物繊維から作る「紙」が普及し、さらに一五世紀に活版印刷が登場すると、羊皮紙は本作りのメインステージから退きました。しかし、まだまだ活躍の場があったのです。それは、政府や役所が発行する公文書、そして会社や個人の約束事を記した契約書など「証書類」の世界。

この類の文書はその性質上、「紙＋印刷」のコンビよりも「羊皮紙＋手書き」に分がありました。同じ文面を大量に作るのであれば印刷が有利ですが、一つひとつ違う内容のものは、活字を組むよりも手書きのほうが断然早い。また大切な証拠物として長期保管するためには、羊皮紙の耐久性がものを言いました。冊子本のように分厚い表紙で保護されているわけではないため、羊皮紙の丈夫さが重宝されたのですね。

一方、あらゆるレベルにおける「約束」を記したこれら

図 4-1　18 世紀フランスの羊皮紙公文書

の文書は、歴史を通して常に偽造・改ざんのリスクに直面してきました。その脅威に対して、羊皮紙ならではの様々な対策が採られています。

現代のお役所書類や契約書は無味乾燥なものが多いですが、これが羊皮紙だと興味の尽きない魅力的な世界が広がります。

1　羊皮紙文書——基本要素概説

はじめに、羊皮紙文書における基本要素を紹介しましょう。これも写本と同様、時代と地域、目的によって要素にバリエーションがあります。ここで紹介するものは、一五七七年ローマで発行された『ロザリオ兄弟会への入会証書』(図4－2)。

格式を重んじるこのような文書では、次頁図4－3①に示す位置に枕詞のような序文が記されます。ここでは、「神、イエス・キリスト、聖霊」を意味する「聖三位一体」という文言が。教会文書ですので、冒頭に神の名を記すのですね。国家が発行する文書の場合は、一八世紀フランスでしたら国王の名を冠し、「ルイから挨拶を送る」などと書かれます。そして②が本文。ここに約束事や諸条件などの内容が記されます。

写本と性質が異なるのは、ここから。文書が「本物である」ことを示すための様々な機能が付随するのです。③の場所に文書責任者の署名が書かれます。さらに、④は印章。本人証明のため蝋にスタンプ(印璽)を押したものです。破損や紛失してしまうと文書自体が無効となる重要要素。羊皮紙が破れて印章が落ちてしまっては困りますよね。そのために、⑤の折り返しを付けて二重にします。これで破れる心配はありません。教皇庁が発行する教皇勅書のように、折り返しを開くとその内側に署名が書かれている例もあります(図4－4)。地域によっては「署名カバー」としても機能していたのですね。

最後に、証書類としては「オマケ」的な要素として、⑥の装飾が施されます。この文書では、聖母マリアとイエス・キリストが中央に描かれ、両端に聖人像が、その下には受益者の紋章などが描かれています。

さらに、図4－6のような子文書が付けられていることも。元祖「添付書類」ですね。

これら基本要素とその機能を念頭に置いて、これから証書類に見られる羊皮紙の世界をのぞいてみましょう。

図 4-2　ドメニコ会ロザリオ兄弟会入会証書(1577 年ローマ)

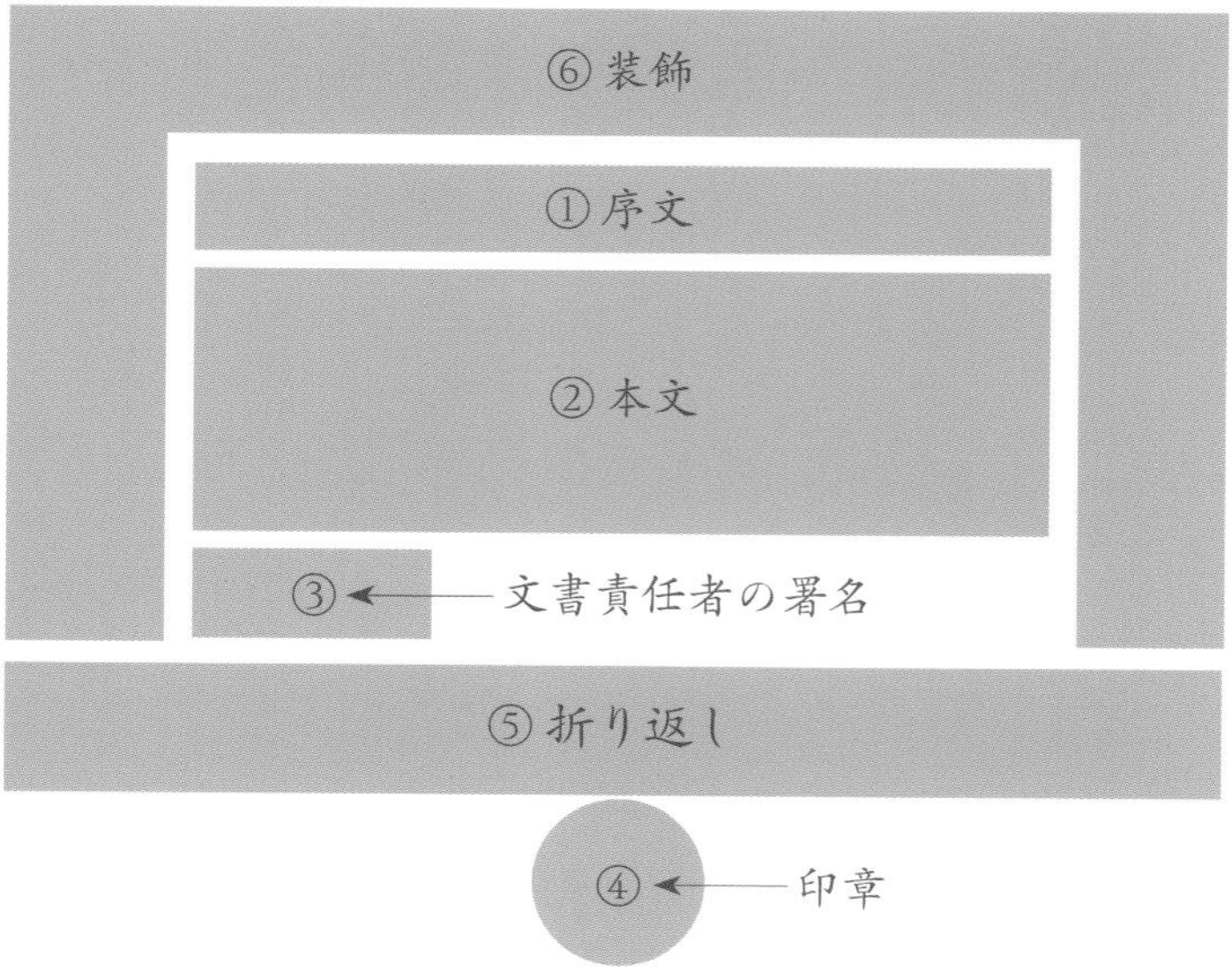

図 4-3　証書の各要素

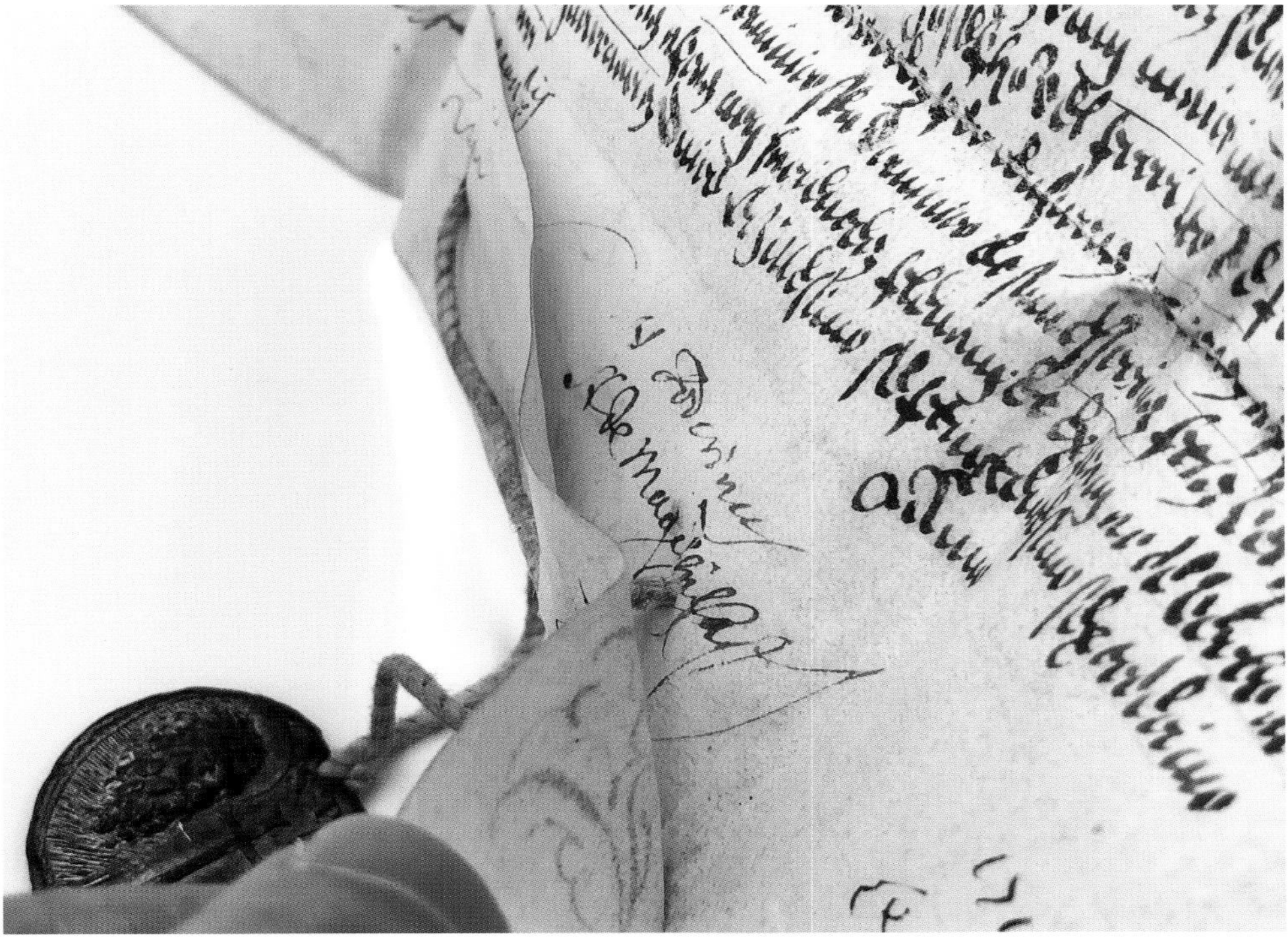

図 4-4　教皇勅書下部の折り返しを開くと署名が現れる（1717 年バチカン）

図 4-6　裏側には「添付文書」がヒモで綴じられている

図 4-5　証書を受ける教会のある街（ヴェルセル）の紋章

2 「毛側」と「肉側」
——羊皮紙文書の表と裏

ページをめくって読む冊子本では、羊皮紙の両面に本文が書かれますが、証書類では片面のみに書かれることが一般的。

第一章で紹介したように、羊皮紙には「毛側」と「肉側」という区別があります（一九頁）。毛側は元々毛が生えていた面で、多少クリーム色がかっています。肉側は体の内側、

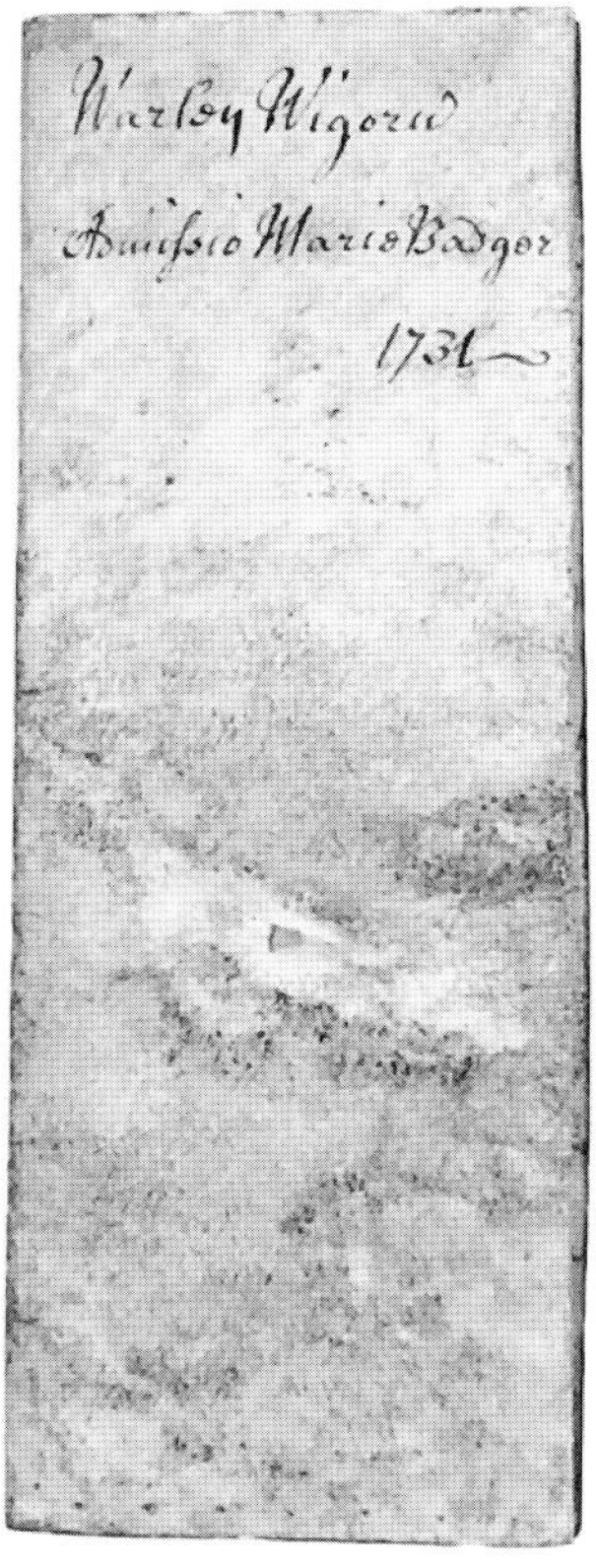

図 4–7 閉じてあるときは毛側が表．文書を展開すると……

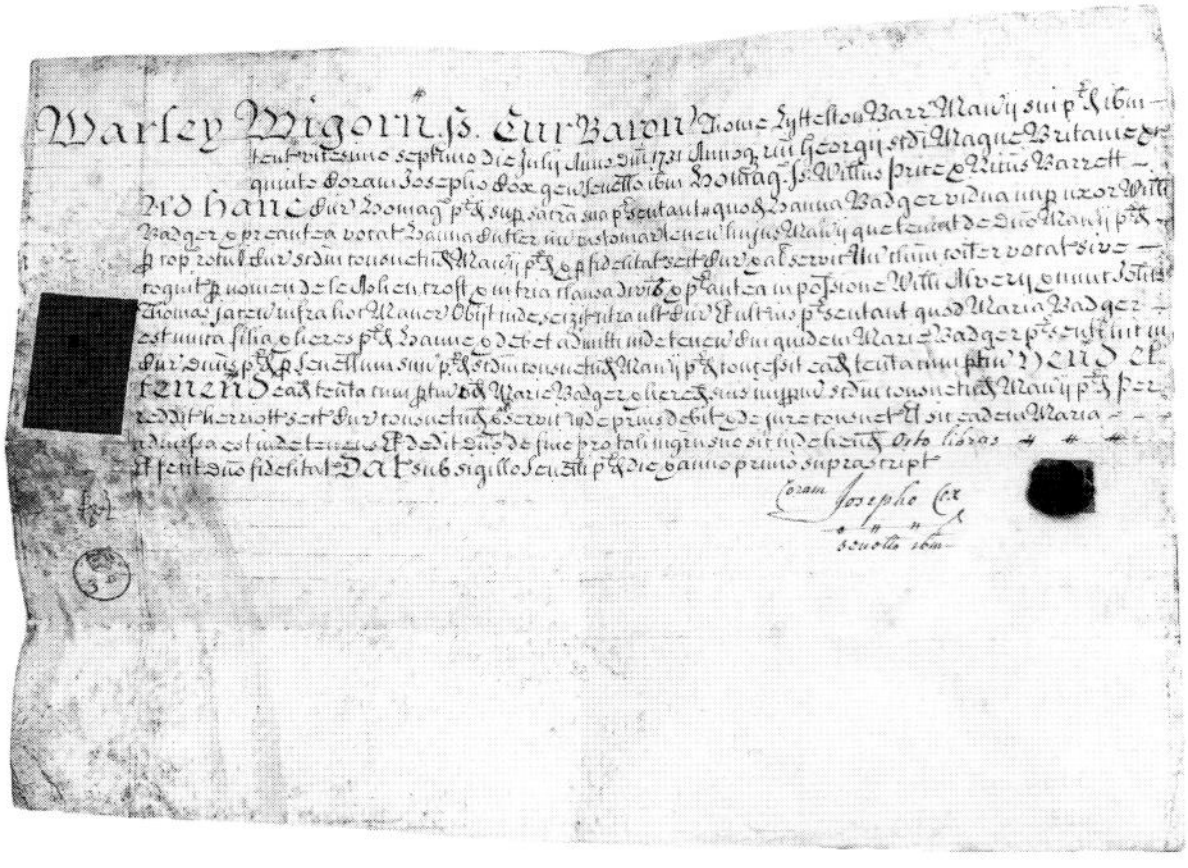

図 4–8 肉側に文章や印章が（1731 年ウスターシャー）

つまり肉がついていた面で、純白に近い色。証書類の本文が書かれているのはこの体の内側だった面、「肉側」となっていることが大半です。なぜでしょうか。

基本的に毛側は水分を弾き、肉側は水分を吸収します。同じ「皮」を原料としているレザーを考えてみてください。ツルツルの面と、ボサボサしている面がありますよね？　それが毛側と肉側の違い。羊皮紙は薄いためその差はレザーよりも目立ちませんが、文字を書くとすぐにわかります。

毛側
インクが
乗っている
肉側
(証書類ではこちら
側に本文を筆写)
インクが
染み込んでいる

図4-9　羊皮紙写本(1330年頃ボローニャ)断面：毛側と肉側のインク染み込み具合

図4―9は、一四世紀イタリア写本の顕微鏡断面写真。毛側にはインクが「乗って」いて、肉側にはインクが「染み込んで」いるのがわかりますよね。

美しさよりも何よりも、証書類で大切なことは「情報の欠落がないこと」。そのために、確実にインクが染み込んで消えにくい「肉側」を本文筆写面とします。一方、毛側は水分を弾くので、毛側を外にして折りたためば、手汗や汚れから本文を保護する封筒代わりになるのです。

3　ひつじを使って改ざん防止
――削った後の毛羽立ちと滲み

羊皮紙に文字を書くことにどれだけ慣れていても、書き間違いは避けられません。第二章で紹介したように、修正はインクの乾燥を待ってナイフで「カリカリ」と表面を削り落としていました(四〇頁)。

公文書や契約書は、聖書や文学作品など

の冊子本とは対極の性質があります。写本類は、最終的にきれいな形で読者の手に渡るように、書き間違いが簡単に修正できて訂正跡が目立たない「仔牛皮」が好んで使われました。牛の頑強なイメージ通り、仔牛皮はコラーゲン線維が緻密に絡み合い、硬い表面となっているのです。そのため、文字を削っても滑らかなまま上書き可能。

しかし、証書類は簡単に修正されてしまっては困りますよね？　たとえば、ある契約書。「一〇〇〇万円受領する」と書いてある契約書。受取人が勝手に「一」を削って上書きし、「五〇〇〇万円受領する」と修正したとしても、訂正跡が残っていなければそのまま取引が成立してしまうおそれが。つまり、なんらかの改ざん防止対策を講じる必要があるのです。

その対策の一つは、「ひつじ皮を使う」ということ。もちろん、ひつじは当

図 4-10　削った後に上書きして滲んだ文字(1692 年フランス)

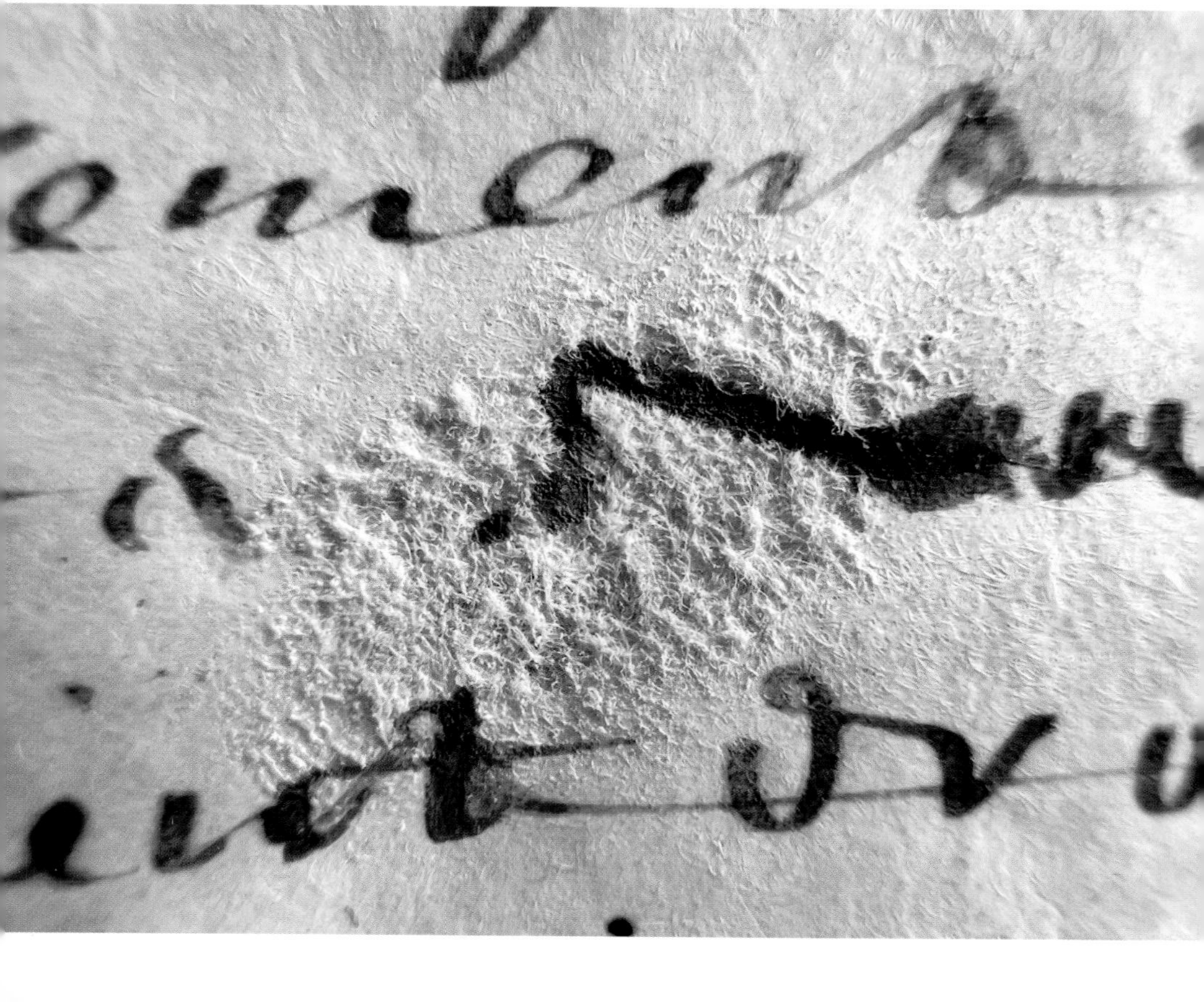

時多く食されていた動物として、皮の入手が比較的容易かつ安価だったという理由もあったでしょう。ですが、それに加えてひつじ皮、特にその筆写面である「肉側」は線維が粗く、文字を削って消そうとするとモサモサっと毛羽立ちます。そこに上書きをしようとすると、図4―10のようにインクが滲む。つまり、どこが修正されたのかが一目瞭然というわけ。当時の文書セキュリティ対策は、「ひつじ皮を使う」――素材の特性を活かしたアプローチですね。

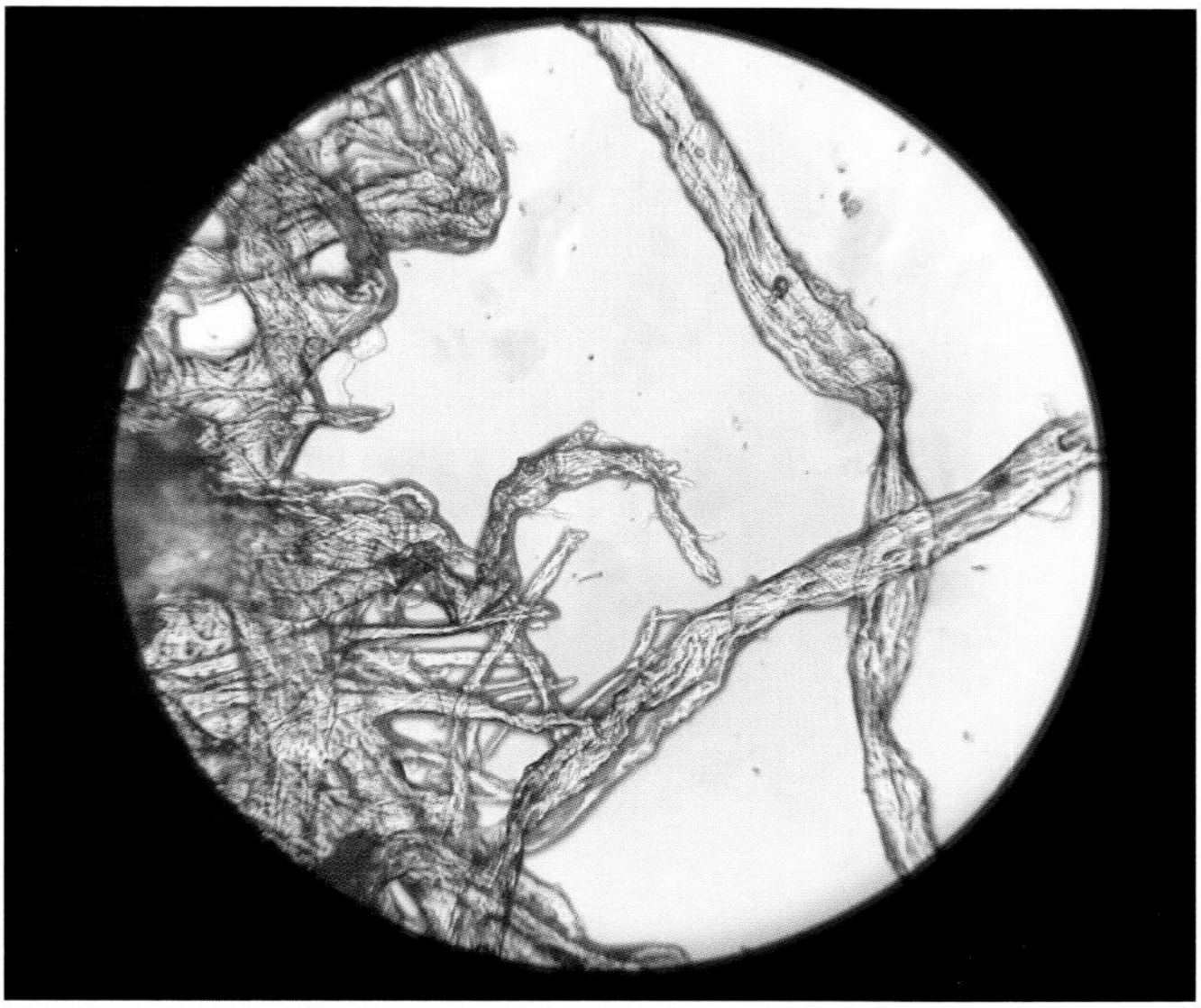

図 4-11 ひつじ皮線維：太くて絡みが粗い

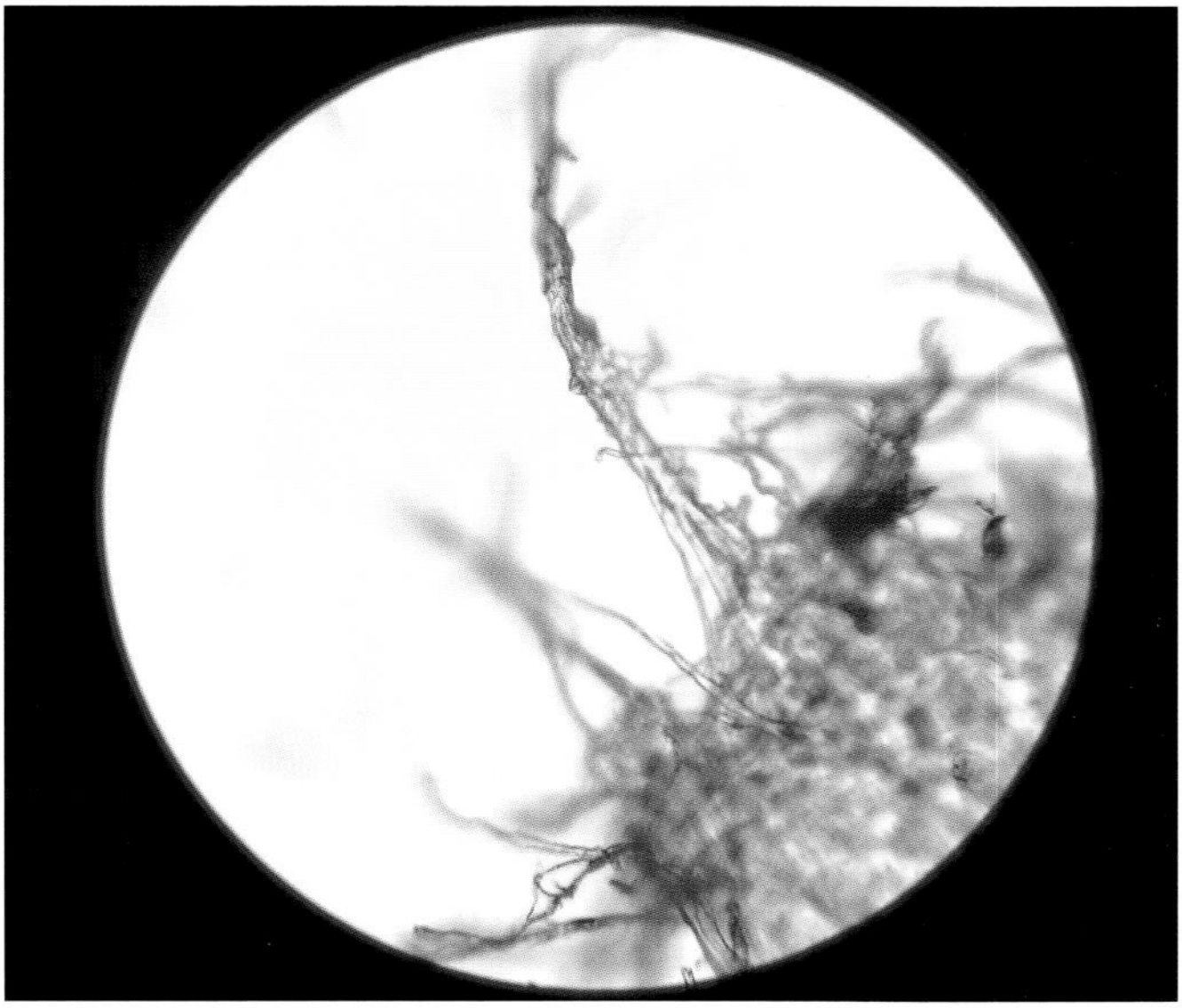

図 4-12 仔牛皮線維：細く密度が高い

ただ、「訂正印」のようなものもないので、単なる間違いの修正か改ざんなのか判別は困難です。図4―13の公文書は、アメリカ建国の父のひとりベンジャミン・フランクリン（一七〇六〜九〇）がフィラデルフィア市会議員だったころに、フィラデルフィア市長トマス・ローレンス（一六八九〜一七五四）の名で発行されたもの。市長直筆の署名がある高位の文書にもかかわらず、契約年月日の月がナイフで削り取られ、「April」（四月）と上書きされているのがはっきりとわかります。語末にうっすらと「h」が見えるので、元は「March」（三月）だったのでしょう。地名も削られ「Cresham」と上書きされている。

　市長は修正後の情報を正として認め、文書にサインをしたのでしょうか。はたまた、市長がサインをした後に、不届き者がこっそりと改ざんしたのでしょうか。今となって

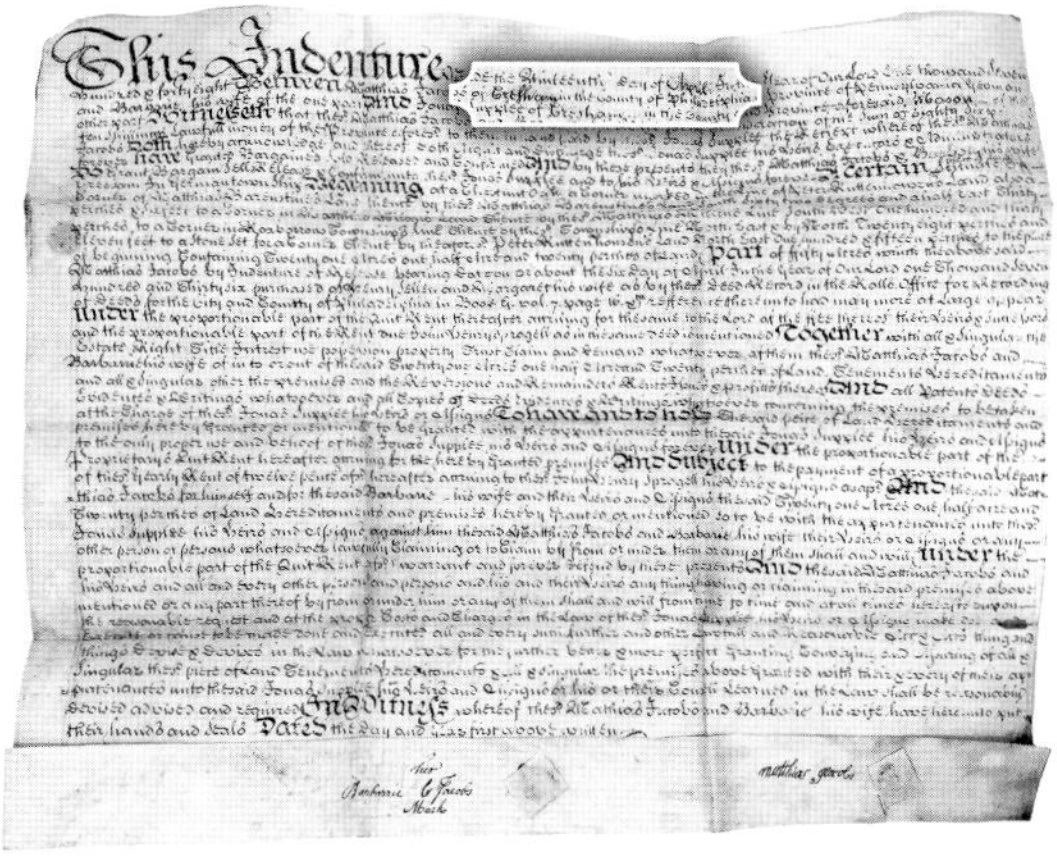
This Indenture

図 4-13　アメリカ公文書（1748 年フィラデルフィア）

図 4-14　March が削られて April に修正
（羊皮紙が毛羽立っている）

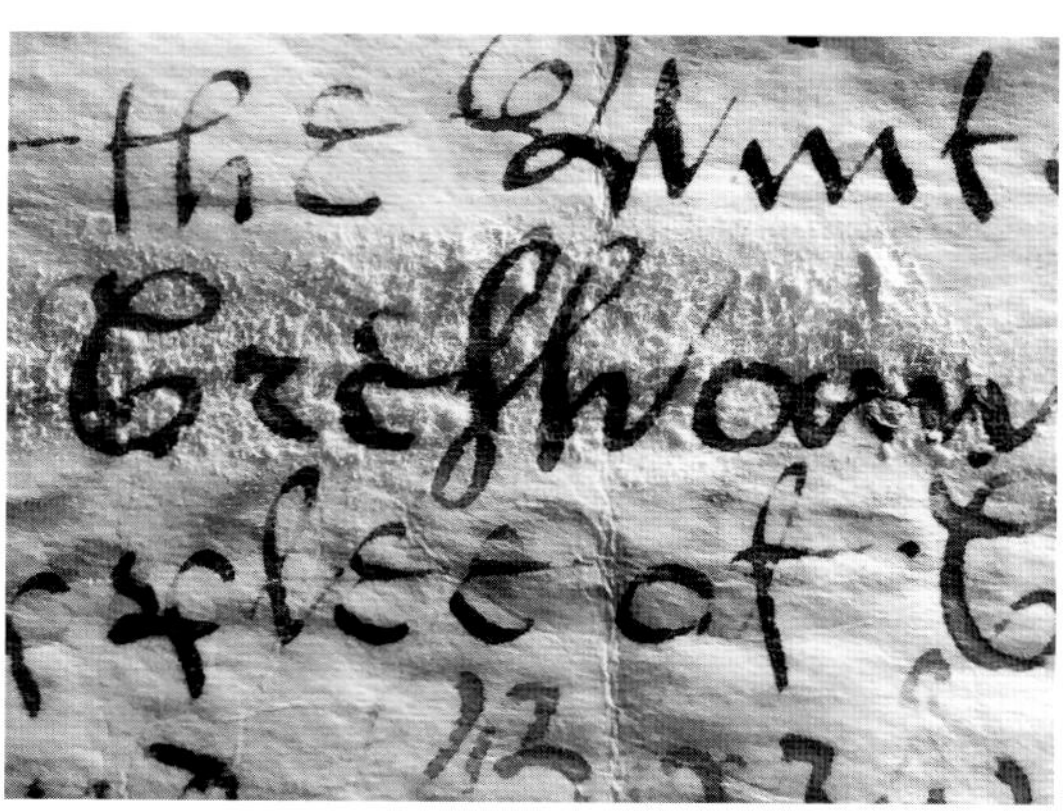

図 4-15　地名も Cresham に修正

はわかりませんが、これほどボサボサになった上に堂々と加筆しているところを見ると、やましさのない純粋な修正のような気がします。

4　ムダなく使おう――いろいろな形

冊子になっている書物は、長方形に切り揃えられていますが、比較的簡易な文書などはいびつな形のものが多く見られます。装飾や製本が必要な冊子本と異なり、一過性の文書は、とにかく情報がAさんからBさんに伝わればよいのです。形にこだわっている場合ではありません。そもそも羊皮紙は高い。そこにある羊皮紙片を取って、書いて、送る。コストもスピードも切れ端の方が優れています。

ここで問題。図4―16の①〜④の文書は動物のどの部位を使っているでしょうか。

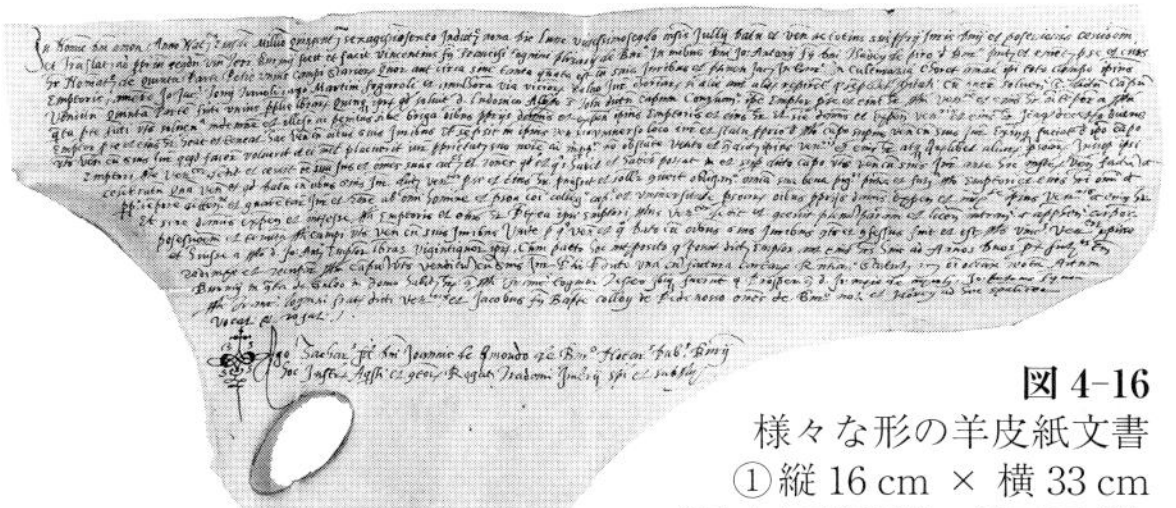

図 4-16
様々な形の羊皮紙文書
①縦 16 cm × 横 33 cm
（最大個所計測．以下同様）

②縦 13.5 cm × 横 26.5 cm

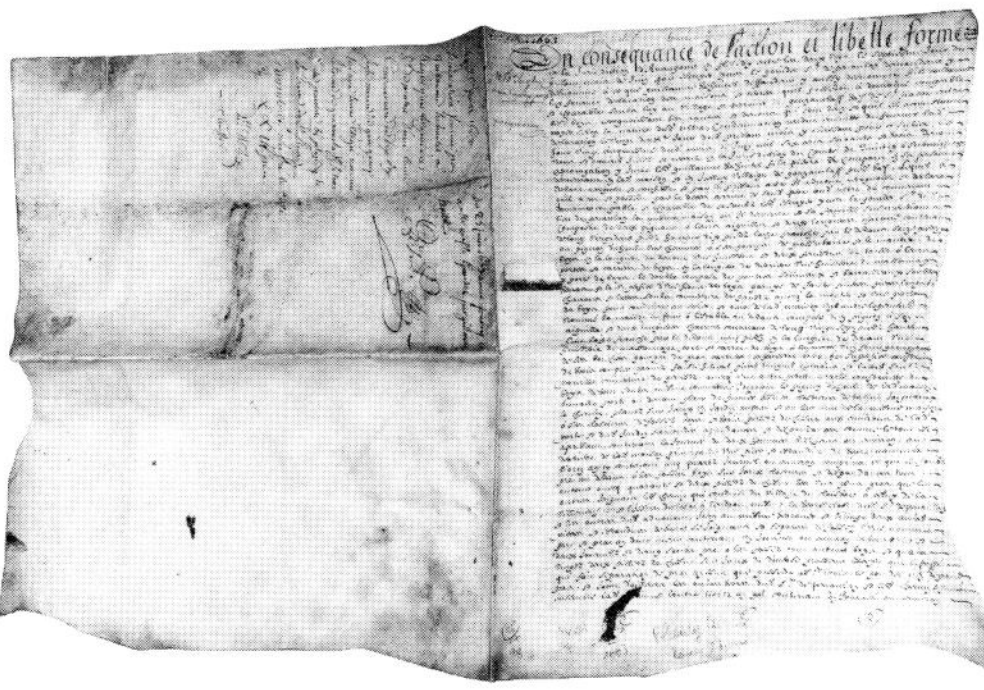

③縦 33 cm × 横 48 cm

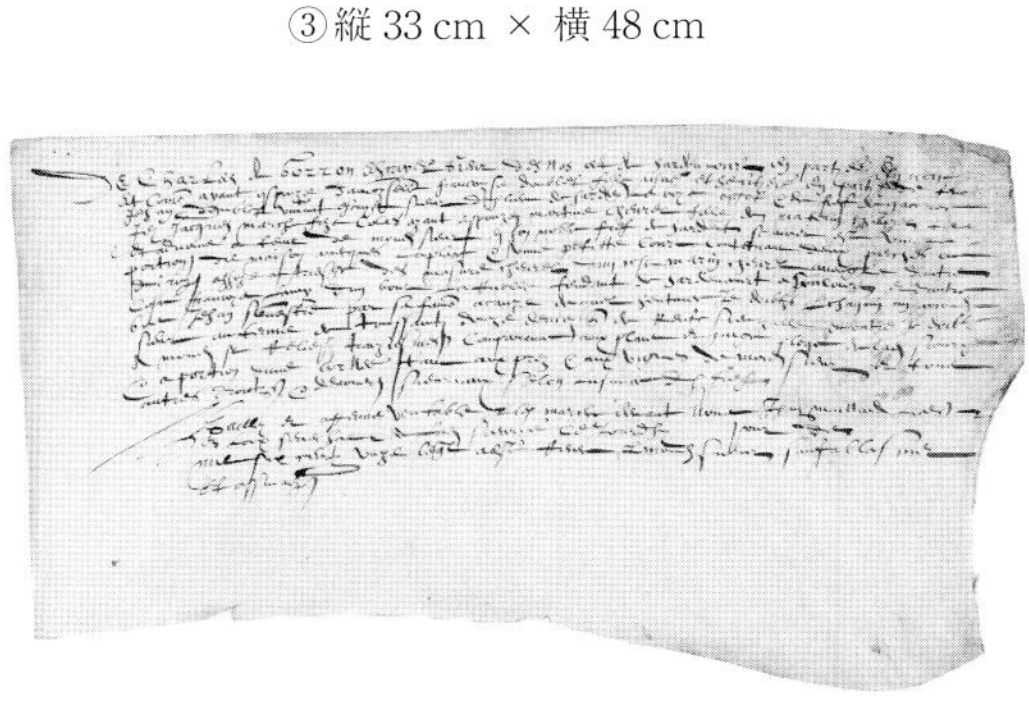

④縦 16 cm × 横 28.5 cm

①は、クルッと右に九〇度回転してみましょう。動物の肩です。穴は肩の骨が当たっていた部分。ここは、屠畜をして皮を剥ぐ際によく穴が空きます。一五六六年イタリアの契約書。

②はパンツではありません。首です。逆さにしてみるとわかりやすいかも。一六六九年フランスの文書。

③はわかりにくいですね。こちらも逆さにすると、動物の上半身が見えてきます。一六六三年フランスの裁判記録。

最後、④は動物の脚の付け根あたりと思われます。一六一一年フランスの文書。

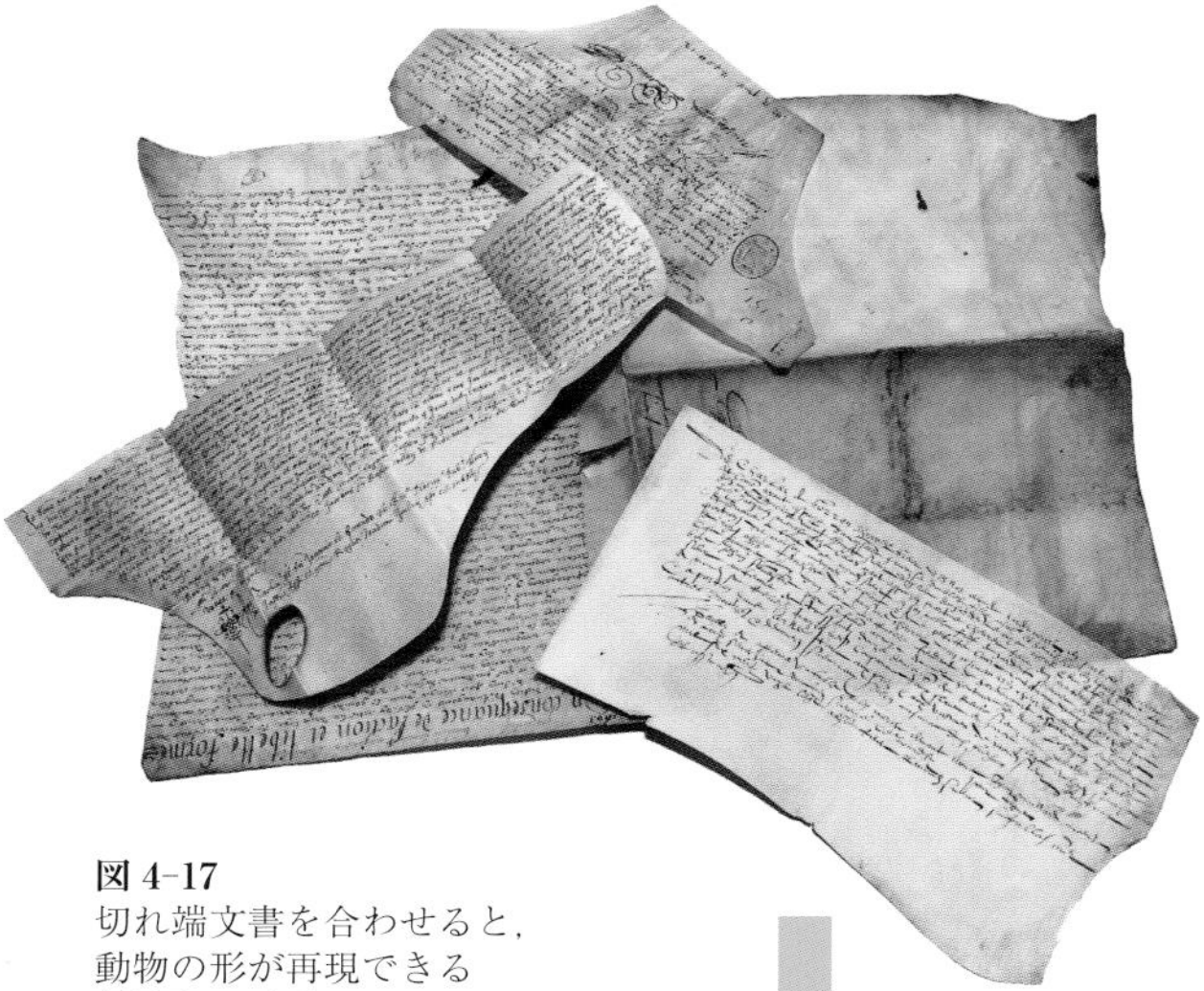

図 4-17
切れ端文書を合わせると，動物の形が再現できる（上図→下図）

首から脚の付け根までのパーツが揃いました。これらのパーツを合体させてみれば、一六〜一七世紀の羊皮紙を一頭分再現できるのでは！　早速やってみましょう。

各パーツを合体ロボットのようにガヒョンガヒョンとくっつけていくと——。

できました。おぼろ気に動物の形が見えてきましたね（図4—17、千円札はサイズ感把握の比較用）。他の同時代文書をかき集めて隙間を埋めると、全体像が見えてきます（図4—18）。想像で補った部分もありますが、一六〜一七世紀のフルサイズ羊皮紙の完成です。最大個所の計測で縦七六センチ、横五三センチ。ここから採れる長方形は六〇×四五センチ。大体Ａ２サイズですね。Ａ４サイズが四枚採れる大きさ。ということは、第一章図1—40で紹介したイスマイルさんの羊皮紙とほぼ同じサイズということになります。

図4-18　16〜17世紀の文書で再現したフルサイズ羊皮紙

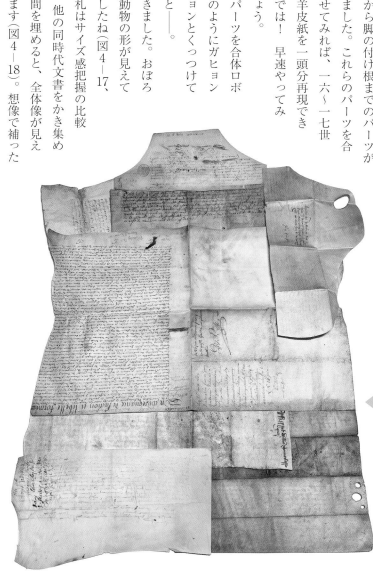

条項の多い複雑な契約書などでは、一頭分では足りないケースも出てきます。そのような場合は、冊子状にしたり巻物のように縦に長くつなげていったりするのです。

図 4–19
複数ページ綴りの契約書
（1827 年イギリス）

図４－19の文書は一九世紀イギリスの契約書。三枚綴りの文書で、三枚目に当たる羊皮紙の折り返し部分にその他ページを挟み込んで、糸で縫い付けてまとめています。図４－20の文書は一六世紀北イタリアのもの。動物二頭分を縦に縫い合わせています。上にチョロンと首を残しておくところがポイントなのでしょうか。少々生々しいですね。

図 4–20
縫い合わせて長くした文書
（1536 年北イタリア）

5　ぴったり合ったら本物同士
――インデンチャーとカイログラフ

またまた変なカタチ。上辺がウネウネと波型になっています。自然な形ではなく意図的にカットしてあるようです。イギリス特有の契約書形態を紹介しましょう。

そもそも契約書は、「自分と相手が、ある条件について合意する」という証拠。どちらか一方が、勝手に内容を変えるわけにはいきませんよね。複数の当事者が、「正当な」「同じ」文書を持っていることを確実にするため、イギリスでは「インデンチャー」という型式の契約書が発展しました。「インデンチャー」の語源は「歯型」。

大判の羊皮紙一枚の上下に二部同じ契約書を書き、波型に切って当事者それぞれが一部ずつ保管します。その波型がぴったり合うものだけが、本物の契約書というわけ。歯の噛み合わせのようだから「インデンチャー」なのですね。

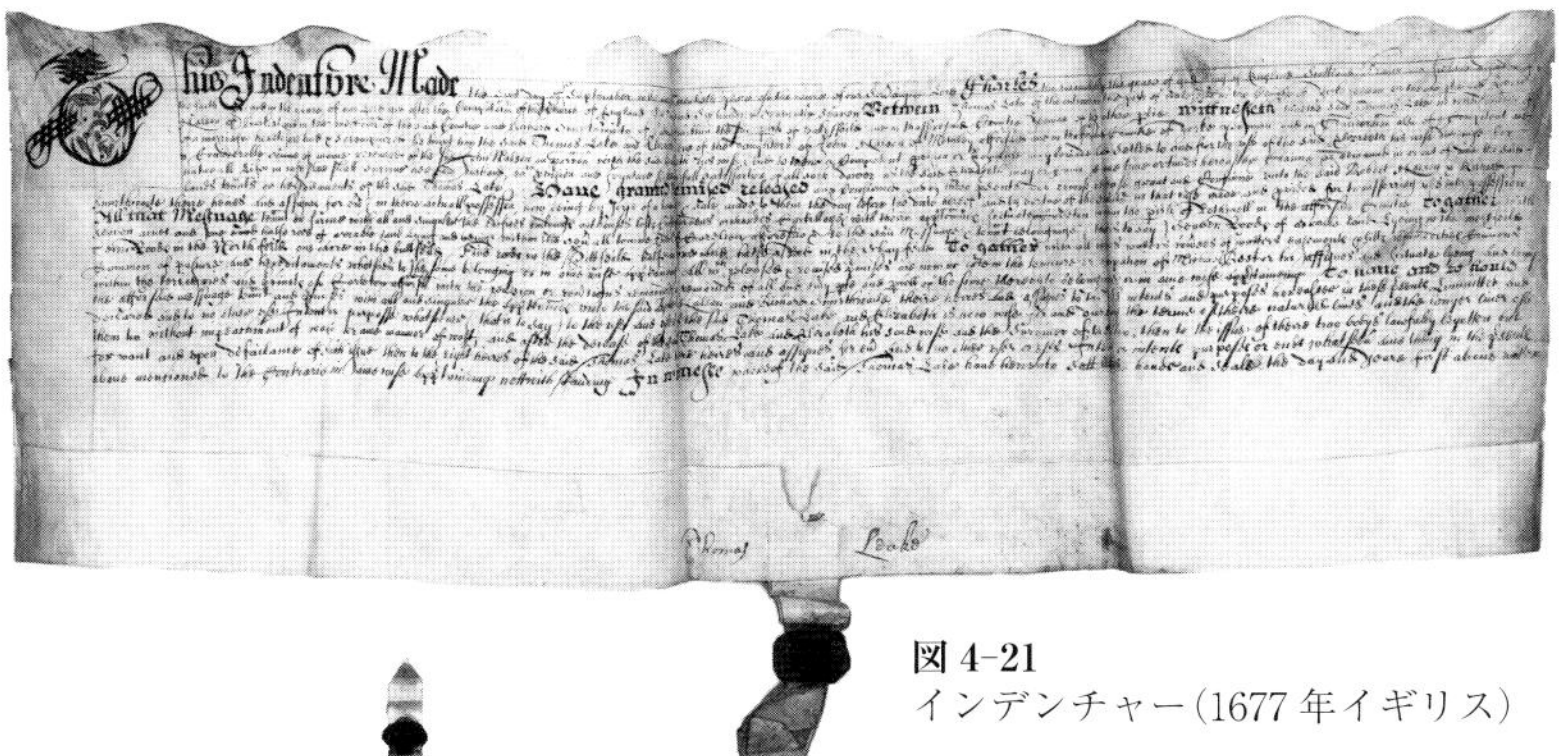

図 4–21
インデンチャー（1677 年イギリス）

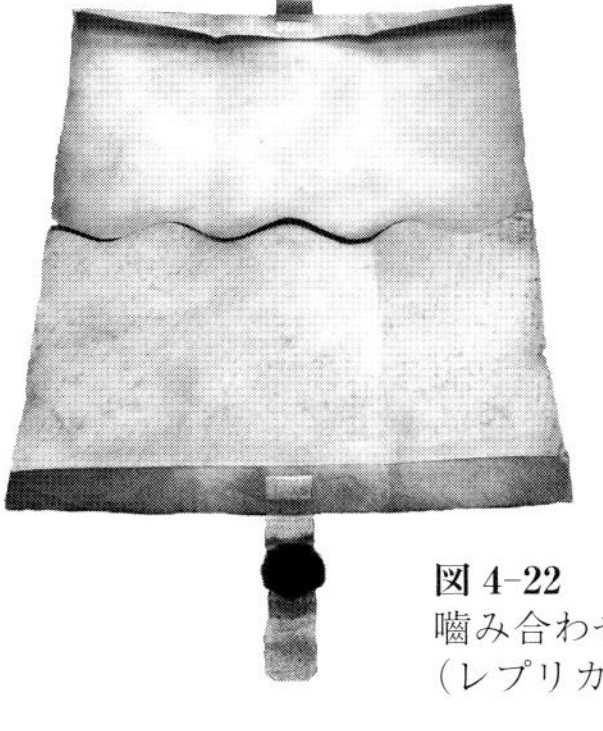

図 4–22
噛み合わせイメージ
（レプリカ，筆者作）

歯と同様、契約書も「噛み合わせ」が大事。

さらに図4－23のように、境界部分に文字を書き入れて、その文字を分割するようにカットするという、より強力なセキュリティ機能も採用されました。このようなインデンチャーは、「カイログラフ」と呼ばれます。日本の契約書で用いられる「割り印」と似ていますね。

しかし羊皮紙の場合、割り印の役割を果たす天然の「しるし」もあるのです。公文書や契約書には「ひつじ皮」が多く使われることはすでに触れました(九四~九五頁)。ひつじ皮は毛穴など表面が若干粗いことが特徴。つまり、一枚の羊皮紙を波型に切ると、形だけでなく毛穴など表面の特徴も同じ文書が二つできることになります。万一ぴったり合う波型をなんらかの形で偽造できたとしても、さすがに毛穴パターンまでは偽造できません。合わせてみて明らかに質感の異なる羊皮紙だったら限りなく怪しいというわけ。これぞまさに「生体認証」! 仮に仔牛皮を使ったとしたらどうでしょうか。均一で滑らかな表面ではそこまでの偽造防止効果は得られなかったでしょうね。

ただし、一九世紀頃になると記載する条項が増えて、インデンチャーも大判になります。一頭分を二枚にカットするサイズでは間に合わなくなり、別々の羊皮紙で作られるように変遷していき、波型カットも形骸化します。そのようなステップを踏んで、次第に羊皮紙である必要性もなくなり、紙が使われるようになっていったのでしょう。

ここで紹介した工夫は文書の同一性を保証するものですが、実際に責任ある人物や当事者が認めたものであるという、文書の正当性を保証する「本人証明」も欠かせない要素です。次を見てみましょう。

図 4-23
カット部分に文字が書かれている
(1589 年スタッフォードシャー)

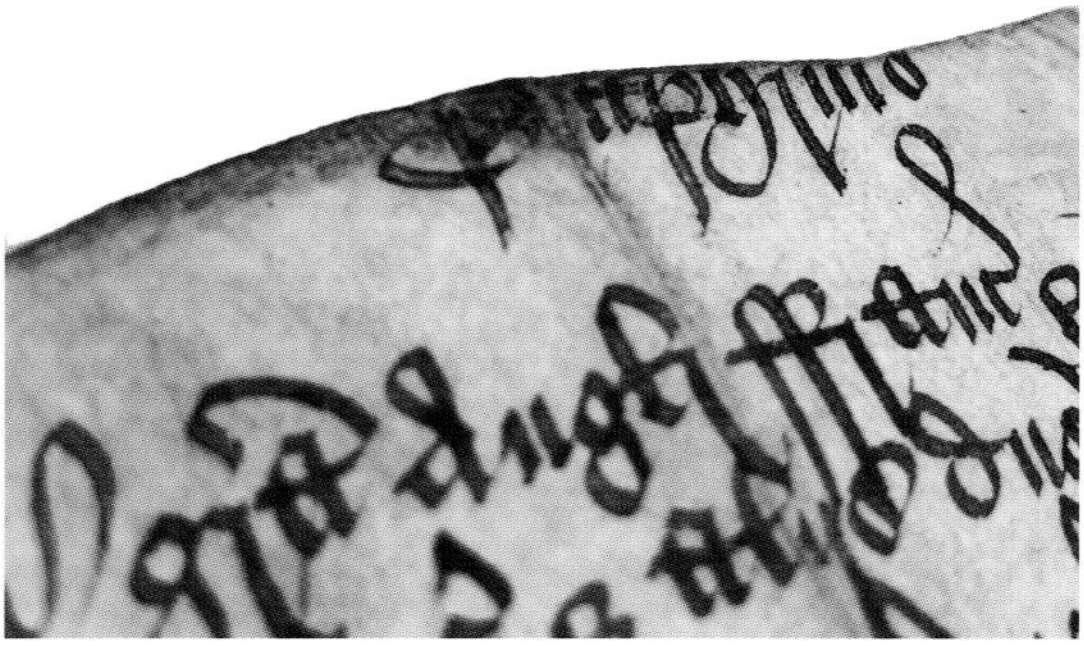

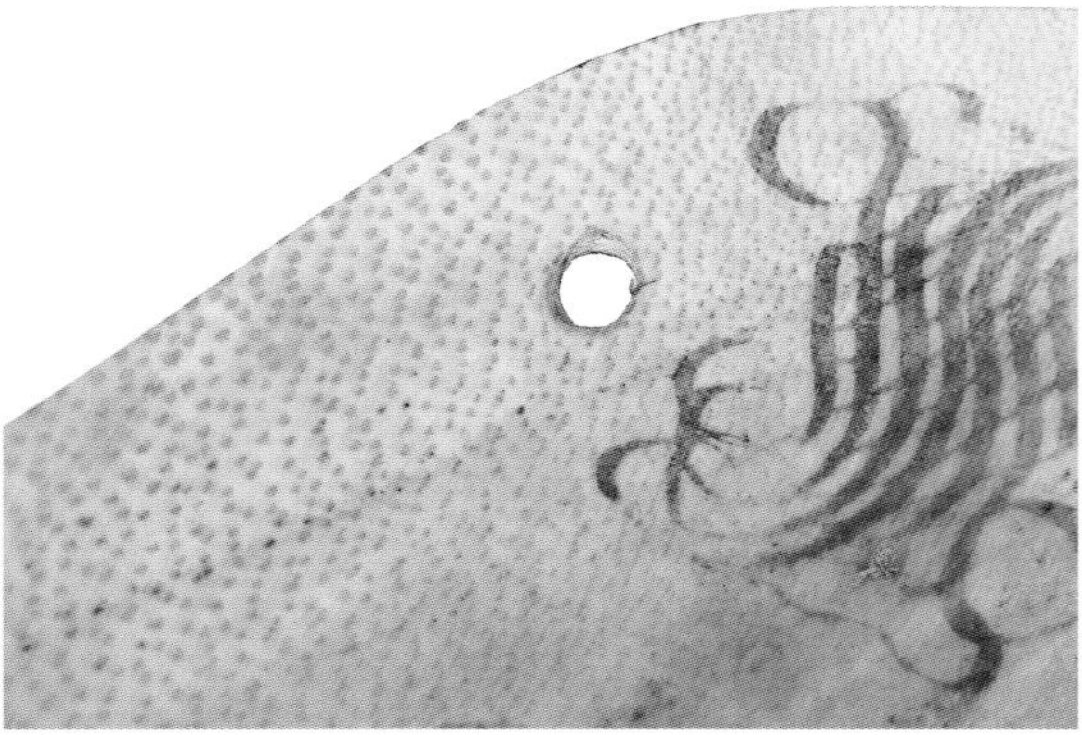

図 4-24
インデンチャーカット部分の毛穴(1680 年イギリス)

6　文書の中の紅一点――印章

書類が地味で無味乾燥なものが多いのは、今も昔も変わりません。そこに華やかさを加えるのが、まさに「紅一点」、印章です。特にイギリスの羊皮紙文書には、赤い「印章」が付けられているものが多数あります。

図 4-25　赤い印章付きの羊皮紙文書（1731年ウスターシャー）

図 4-26　中世のブロンズ製印璽（全体像と印面）（15世紀フランス）

図 4-27　印章制作の材料

図 4-28　印章制作の様子

図４―25のようなものは、一般的に「封蠟」と呼ばれることが多いですよね？　ただ、「封蠟」は文字通り解釈すれば「封をするための蠟」。しかし、中世～近世の羊皮紙文書においては、封をするためのものではなく、本人証明の機能を果たしていたため、ここではあえて「印章」という言葉を使います。

印章として、「シーリングスタンプ」(印璽)の印面を蠟などの土台に押し付けて印影を付けます。要はハンコですね。

一般的に知られているシーリングスタンプは、ルネサンス以降の優雅な取っ手付きのタイプでしょう。しかし、中世のものはかなり質素。ブロンズで作られた小さなものが主流で、ヒモを通して首にかけ、ペンダントのように持ち歩いていたそうです(図４―26)。所有者が亡くなると、持ち手や印面を破壊して、なりすましを防ぎました。

さて、印章の材料は一体何でしょう。蠟だけではありません。主に蜜蠟、松脂《まつやに》、白亜や石膏の粉、そして色付けのための顔料をこね合わせたものです。

蜜蠟だけだと、体温で温めただけで柔らかくなってしまいます。そのため、松脂を加えて硬さを出します。白亜や石膏の粉は、しっかりとした大きさにするための増量材。一七世紀頃までのイギリスの印章は、固めた粘土のよう。保護用にニスを塗ることもありました。

一八世紀頃になると、シェラックというインド原産の樹脂を配合することも多くなり、印章が粘土よりもロウソクに近いツヤのある質感に。アジア貿易が活発になり、シェラックが入手しやすくなったことも影響しているのでしょう。

印章を羊皮紙に取り付けるには、大きく分けて二つの方法があります。一つは羊皮紙文書の下辺に細い羊皮紙の「ベロ」を付けて、そこに団子状にした印章を付けるペンダント方式。もう一つは、羊皮紙文書表面に直接蠟を垂らして印影を付ける方法です。

ペンダント方式は、一八世紀初頭までの証書に見られます。母体となる文書の下辺を折り返し、上下二本の切れ目と、折り目に一本切れ目を入れ、切れ目に縫い込むように羊皮紙のベロを通します。切れ目に通すときに、ベロの先が平らになっていると通しにくいため、先端をとがらせるようにカットしておくのです。単に「カッコイイから」ではなく、作業がしやすいからなのですね(付け方の詳細は、一一九頁の「コラム」参照)。

ベロを通したら、さらにベロの中央に縦方向の切れ目を入れて、切れ目に先端を通してクルっと一回転。すると、印章が鎮座する「イス」ができます。このように立体的な土台を作ることで、印章が抜け落ちたり、悪意のある人がベロから印章を抜き取って別の文書に付け替える「なりすまし」を防いだりしているのです。ペンダント方式では、印章は蠟を熱で垂らしているのではなく、粘土のように丸めて取り付けています。

一七世紀後半の文書では、ベロ部分に紙を巻いて、蠟を垂らす方法が採られています(図4―32)。ただ、ベロ部分は保管するうえで結構邪魔なのですね。そこで、ベロ部分を無くして羊皮紙本体に直接蠟を垂らす方法に変遷してい

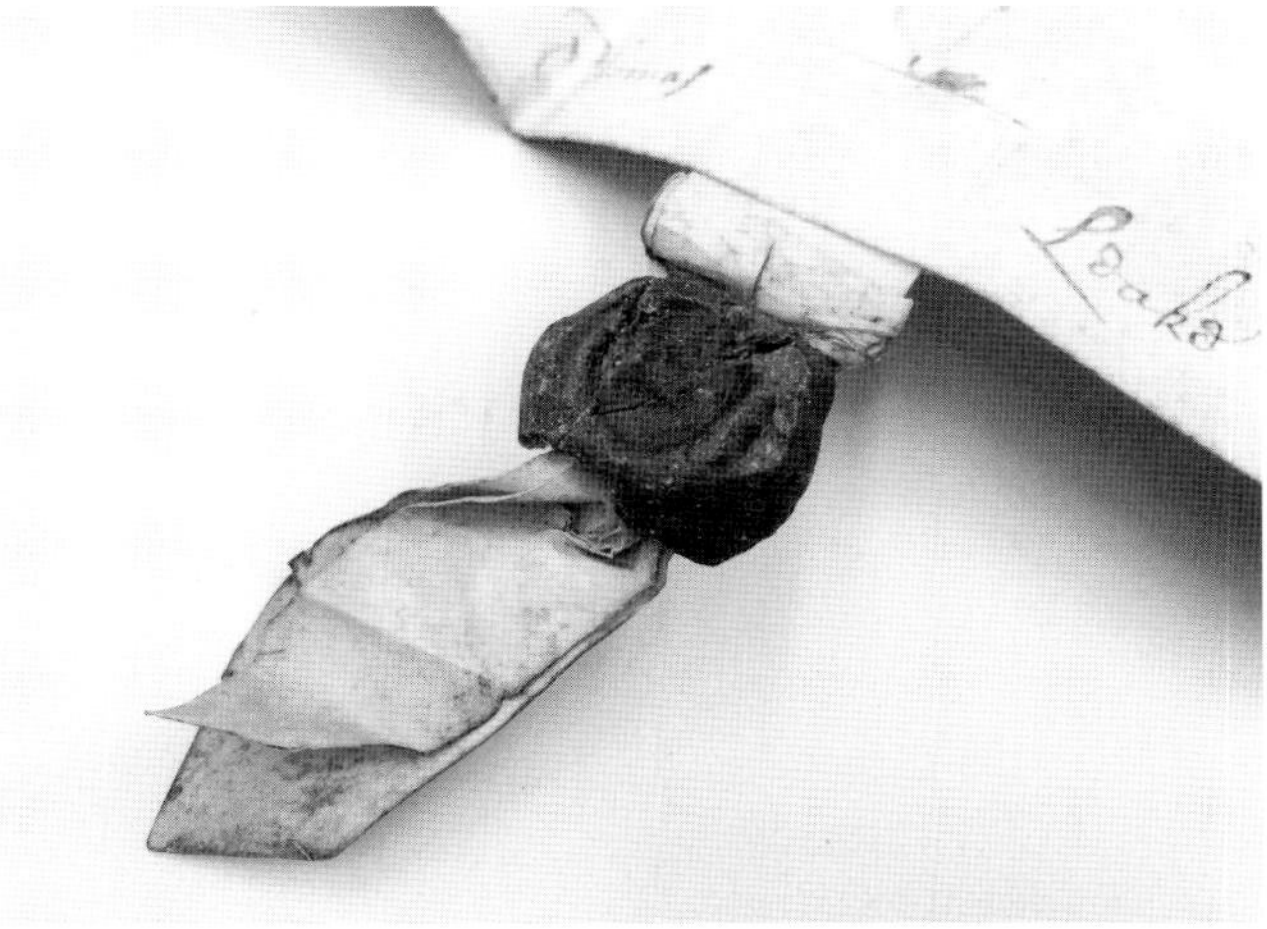

図 4-29　ペンダント方式(1575 年ヨークシャー)

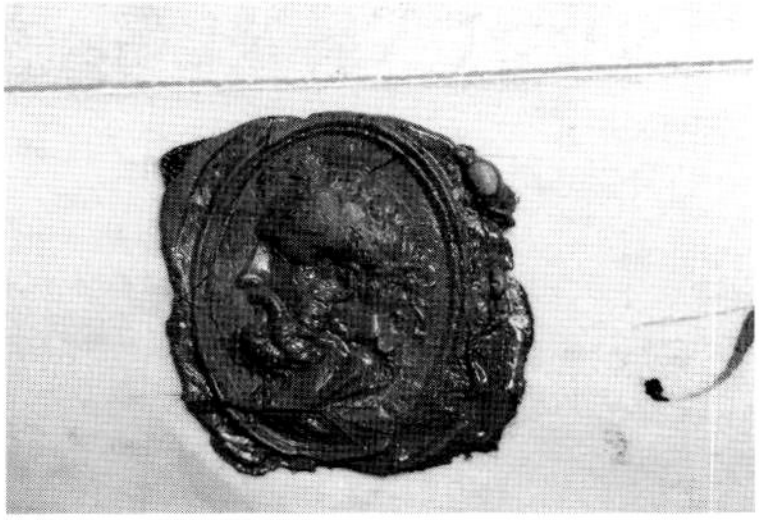

図 4-30
直接方式
(1786 年チェシャー)

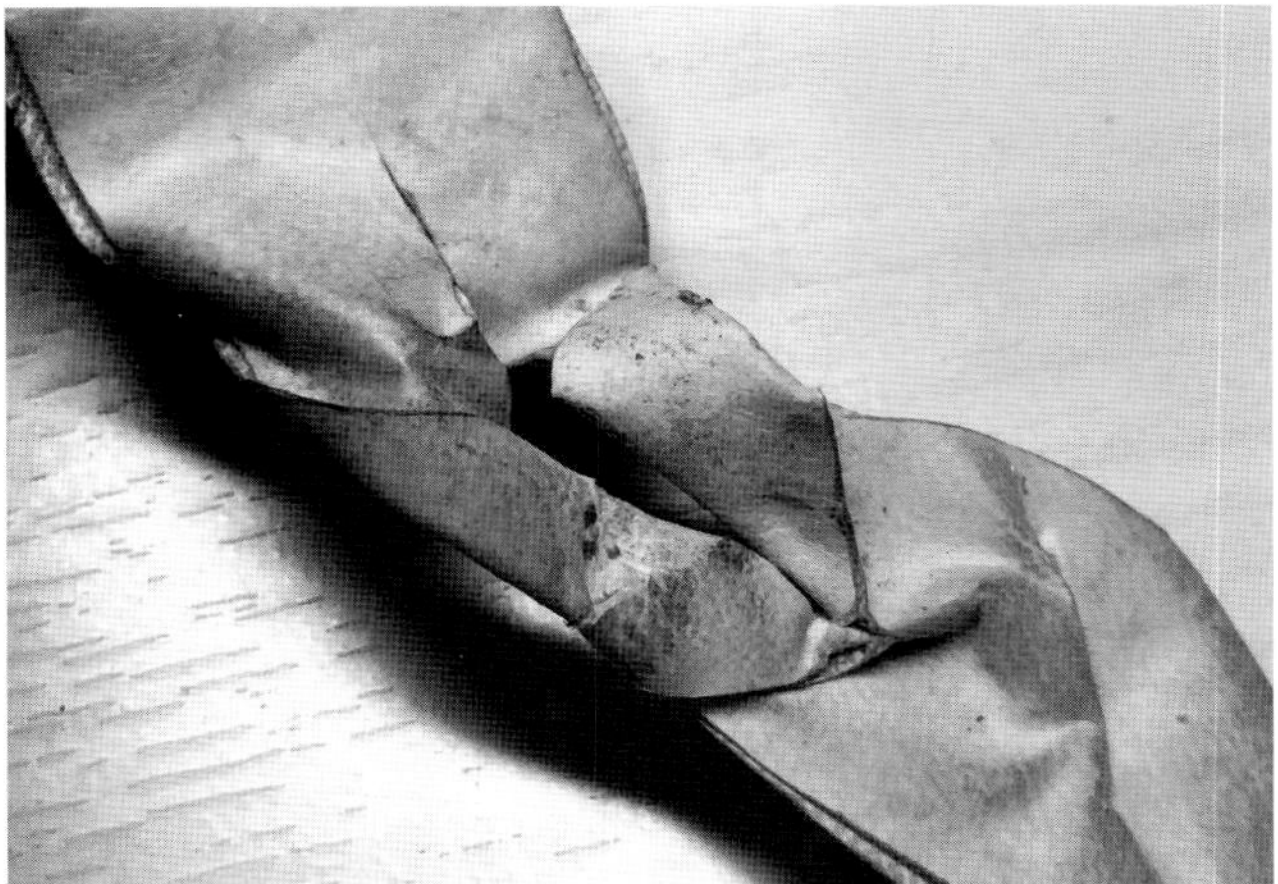

図 4-31　印章を取ったベロの「イス」(1656 年ノーサンプトンシャー)

きました。一八世紀頃からはこの「直接方式」が主流となります。

「直接垂らす」と書きましたが、羊皮紙は表面が平坦すぎて、蠟が剝がれてボロボロに割れていってしまいます（図4－33）。そこで、図4－34に見られるように、羊皮紙に切れ目を入れて目の粗い布を通し、その上に蠟を垂らすように発展していったのです。

このようにして貼ってある印章はペンダント方式よりも薄く、文書の保管にも場所を取りません。厚みのあるペンダントタイプよりも無駄な力がかからないため、印章も文書も破損が少ないという利点があるのです。

イギリス以外の地域では、多種多様な形式が見られます。ローマ教皇庁が発行する教皇勅書は、鉛の印章をシルクや麻のヒモで羊皮紙文書に吊るすのが伝統です。片面には教

図 4-32　ベロに紙を巻いて蠟を押す（1694年ケント）

図 4-33　羊皮紙に直接蠟を押して，剝がれている様子（1680年イギリス）

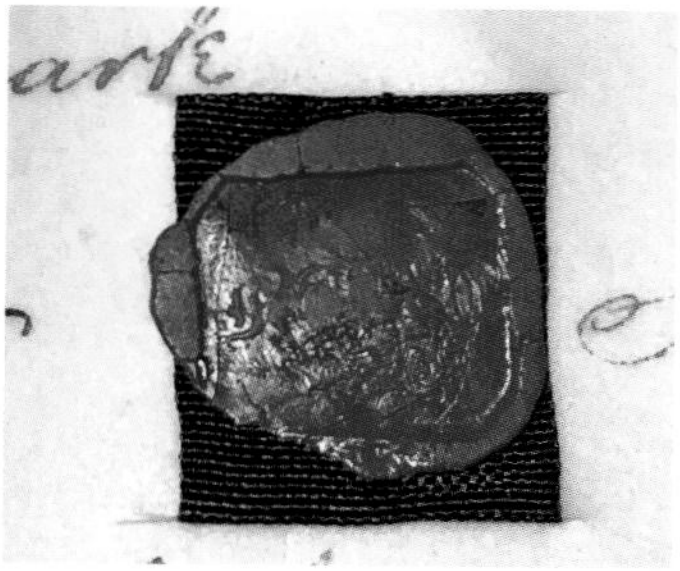

図 4-34　直接方式（1878年リンカンシャー）

図 4-35　裏側

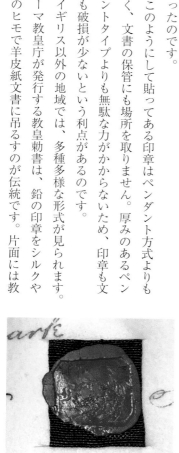

皇の銘が刻まれ、もう一方の面には使徒ペトロとパウロの肖像が入ります。図4―36の鉛印章を計量したところ四八グラム。単三電池二本分あるいは一〇円玉一〇枚ほどと同等の重さでした。普通の紙であればそのうち破れてしまうでしょう。丈夫な羊皮紙が使われ続けた所以です。

加えて、金属製や木製のケースに蠟を流し込んで押印したタイプも見られます。図4―37は二〇世紀オーストリア・ハプスブルク家の印章。双頭鷲の紋章が立派です。

現在は優雅なイメージのある印章ですが、当時は契約上、セキュリティ上の大切な要素として、様々な方法が考えられたのですね。次は、このハプスブルク家の印章を持つある高貴な文書を取り上げます。

7　皇帝チョイスの一級品――羊皮紙の品質

さて、「上質な羊皮紙」といわれて、どのようなものを想像しますか？「穴が空いていない」というのは大前提

図 4-36　ローマ教皇庁の教皇勅書にある鉛の印章(1717 年バチカン)

図 4-37　ハプスブルク家の印章(1902 年ウィーン)

として、その基準は用途や時代、そして個人の好みによっても異なるでしょう。一つの目安として、ここでは、ある人物が選んだ「最高級羊皮紙」を紹介します。

その人は、名門ハプスブルク家に生まれたフランツ・ヨーゼフ一世（一八三〇〜一九一六）。一八四八年にオーストリア帝国の皇帝となり、一八六七年以降はオーストリア＝ハンガリー二重帝国の皇帝を務めます。オーストリア皇妃エリーザベト（一八三七〜九八）、通称「シシィ」の旦那様として知る人もいるでしょう。

皇帝フランツ・ヨーゼフ一世は、生粋の宮廷人。幼少の頃から帝王学をみっちり学び、皇帝としての格式を厳格に重んじた人物です。当然、すべてに最上のものを求めます。

ここで紹介する文書は、一九〇二年にオーストリア＝ハンガリー帝国の首都ウィーンにて作成された「叙爵証書」。皇帝フランツ・ヨーゼフ一世の名のもとに、カール・ツィマーマンという人を貴族に認定する証書です。皇帝自身の手による署名が入っています（図4−40）。

何をとっても一流の素材、一流の仕立て。そしていたるところにハプスブルク家を象徴する双頭鷲の紋章があしらわれている逸品です。

では、この「フランツ・チョイス」の最高級羊皮紙とは、どのようなものなのでしょう。

図 4-38　皇妃エリーザベト

図 4-39　皇帝フランツ・ヨーゼフ１世

第一印象は、「下敷きのよう」。厚くて硬いプラスチックのような触り心地です。厚みは平均〇・四ミリで、通常の羊皮紙より若干厚い程度ですが、仔牛皮なので密度が高く硬い質感。しかも、真っ白に塗工されており、「羊皮紙」という響きから期待されるようなアンティーク感はまったくありません。現代の私たちからすれば、茶色っぽく多少ムラがあったほうが、雰囲気があってよいのですが、当時の価値観は少し違うようですね。

それもそのはず、羊皮紙はあくまでも「支持体」。それ自体が主張することはなく、上にあしらわれた金字や絵画を最大限輝かせるための土台なのです。上品な白地に置かれた金は、若干浮き上がっているように見え、その存在感と豪華さが引き立ちます。

水彩で描かれた紋章は、宮廷のお抱え絵師であるフリードリヒ・ユンギンガーの作品(図4―44)。滑らかに塗工された表面に筆を自在に滑らせ、緻密かつ躍動感あふれる紋章を描き出しています。

フランツ・ヨーゼフ一世の残した功績の一つとして、帝都ウィーンの大改造が知られています。都市を囲む閉鎖的な市壁を取り壊して「リングシュトラーセ」(環状道路)を建設して利便性を向上。また、ウィーン国立歌劇場などを造り、芸術都市ウィーンの発展に寄与しました。実直で格式を重んじ、ともすれば面白みのない人物とも思われがちだったフランツ・ヨーゼフ一世ですが、六八年という長い在位の間に築いた堅固な土台があったからこそ、激動の時代の最中にあっても、帝都ウィーンに輝きをもたらすことができたのでしょう。

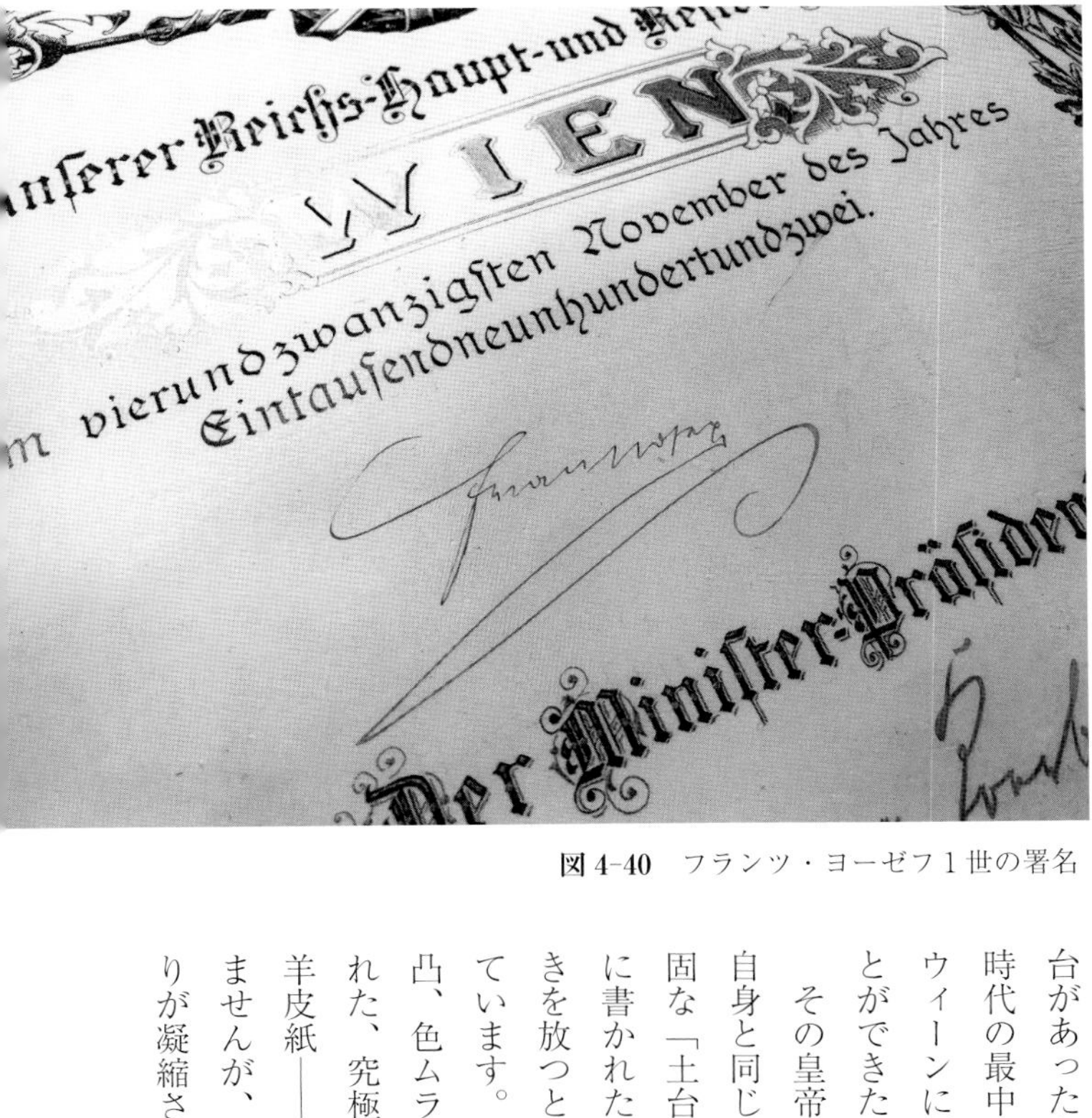

図 4-40　フランツ・ヨーゼフ１世の署名

その皇帝が用いた羊皮紙は、自身と同じく地味ながらも堅固な「土台」として、その上に書かれたものが最大限の輝きを放つという役割を果たしています。もともと毛穴や凹凸、色ムラのある皮から作られた、究極的に均一な純白の羊皮紙――決して目立ちはしませんが、職人の技とこだわりが凝縮された逸品です。

図 4-42　一流の羊皮紙．真っ白で面白くない？

図 4-41　ベルベットの装丁．
双頭鷲の紋章が輝く

図 4-43
控えめな下地から浮き出るように輝く金字

図 4-44
オーストリア皇帝発行の
叙爵証書(1902 年ウィーン)

8　そろそろやめない？――羊皮紙のやめどき

「法律は羊皮紙に印刷して保管すること」

これは不思議の国のアリスの話ではなく、伝統の国イギリスの話。

こう決められたのは、近代化の進む一八四九年。それまでは、法律が制定されると、なんと羊皮紙の巻物に手書きされていたのです。「印刷する」という妥協はすれども、羊皮紙は外せない！　しかし、時代の流れには抗えません。その一五〇年後、日本ではITバブルが到来した一九九九年、イギリス国会でこのような議論がなされました――

「そろそろ羊皮紙、やめない？」

理由は、コストがかかりすぎるから。紙の質も一五〇年前とは比べものにならないほど向上したため、「紙でいいじゃないか」という話になりました。「税金のムダ使いはやめよう！」という議論がその後一七年も続き、ようやくつい最近の二〇一六年、「法律を羊皮紙に印刷して保管する」という決まりは、イギリス国会で正式に廃止されたのです[23]。

しかし、ある意味記念碑的に、紙に印刷した法律の「表紙」だけは羊皮紙にしましょうということが二〇一七年に

図 4-45　19 世紀イギリスの羊皮紙文書

図 4-46　イギリス国会議事堂

決まりました。羊皮紙の完全廃止は免れたのです。

　また、アメリカにある一部の学校では、卒業証書を羊皮紙に印刷し、名前の部分のみ手書きで発行する伝統がありました。ゆえにアメリカでは卒業証書のことをいまだに「シープスキン」と言うこともあるのです。図4―47の卒業証書は、一九三二年に発行されたペンシルベニア州ブルームズバーグにあるステート・ティーチャーズ大学のもの。

　ただし、この伝統も廃れてきています。二〇一一年一〇月一二日付のシカゴトリビューン紙(デジタル版)では、このような見出しが躍りました。

「ノートルダム大学、羊皮紙の卒業証書廃止へ[24]」

　二〇一一年の時点で、アメリカで羊皮紙の卒業証書を発行している学校は、ノートルダム大学を除き少なくとも六校ありました。卒業生は、紙と羊皮紙のどちらかを選択できます。ちなみに、ワシントン・アンド・リー大学では、紙の卒業証書は一五ドルに対して、羊皮紙のものは一三五ドル。その差九倍。それでも二〇一一年には、約三〇パーセントの卒業生が羊皮紙を選択したのだそうです。

　羊皮紙が実用品として大活躍していた時代は、とうの昔に終わりを告げました。細々と使い続けてきた所でも、一つ、また

図 4-47　アメリカの羊皮紙製卒業証書(1932 年ブルームズバーグ)

ひとつと廃止されていきます。だからこそ今、あえて羊皮紙が使われているものには、一層特別な意味合いが込められていると言えるでしょう。

9　羊皮紙の歴史は再生の歴史
——羊皮紙文書の再利用

ほぼ最近まで「現役」だった羊皮紙の文書類。次々に使用が廃止され、もう使い道がなくなります。過去の文書も無用の長物となるのです。そのような文書は、捨てられてしまうのでしょうか。

政府や自治体が発行するような公文書の場合は、各国や地域の公文書館で保管されます。とはいえ、現代のような保存用中性紙の保護箱があるわけでもない時代には、劣化や「チュー害」、つまりネズミのエサになることもあったのです。

エサになるくらいならもっと有効活用しよう！という趣旨かどうかはわかりませんが、不要となった羊皮紙文書は様々な用途で役立てられてきました。いつの時代も再利用。リデュース・リユース・リサイクル。

中世において非常に高価だった羊皮紙は、再利用される

図 4-48　ネズミの嚙み痕(18 世紀フランス公文書)

図 4-49　一昔前の保管方法（フランス国立公文書館参考展示）

図 4-50
15 世紀グレゴリオ聖歌を
ブックカバーとして使用した
18 世紀フランスの出納帳

ことが普通でした。元の文書の表面を削り、新たな内容を上書きするのです。このような文書のことを「パリンプセスト」と言います。ギリシア語で、「πάλιν」（パリン）は「再び」、「ψάω」（プサオー）は「削る」という意味。「削って再び使われたもの」という意味合いです。現代の技術では、紫外線を当てると削られた元の文章まで読み取れることもあるため、パリンプセストは未発見の作品を掘り当てられる重要史料として珍重されます。

削られて上書きされるだけでなく、羊皮紙はその丈夫さからブックカバーなどにも再利用されました。図4―50のような楽譜を装丁としたものも多く残っています。

一過性の契約書類も、役目が終わればブックカバーに。

図 4-51
羊皮紙の会計文書をブックカバーに再利用（1769 年リヨン）

図4―51は、一七〇七年八月の日付のあるフランスの文書がブックカバーとして使われている例です。カバーとして折り込まれているので全容はわかりませんが、どうも土地や建物に関する小難しい契約書類のよう。ギブ・アンド・テイクの超ドライなビジネス的やり取りです。その書類が包んでいる書物は、一七六九年の日付のある『リヨンの聖イレネオ神学校の祈りと実践』。

図 4-52
羊皮紙文書のブックカバーとその中身の書籍

開いてみると、「おお神よ、私のような罪人をお許しください。あなたの与えられるすべての恵みに感謝します」などの祈りが。カバーと中身のギャップが激しい。

さらには、アート作品として生まれ変わる例もあります。

図4―53と図4―54は、二〇世紀ドイツで生まれフランスで活躍した画家パウル・エルザス(一八九六～一九八一)の作品。一八世紀フランスの会計文書を下地として、四角いスタンプを押して独特な作品に仕立てています。

時代はキュビスム全盛期。パブロ・ピカソやジョルジュ・ブラックなどのアーティストが、新聞紙など文字媒体を使って絵画作品を制作していました。その潮流の中で作られたこの作品。「キュビスム」は現実世界の再構成。パウル・エルザスの作品は、まさに古い羊皮紙文書をアート作品に「再構成」しています。

これらの会計文書は、そのまま放置されていれば、ネズ

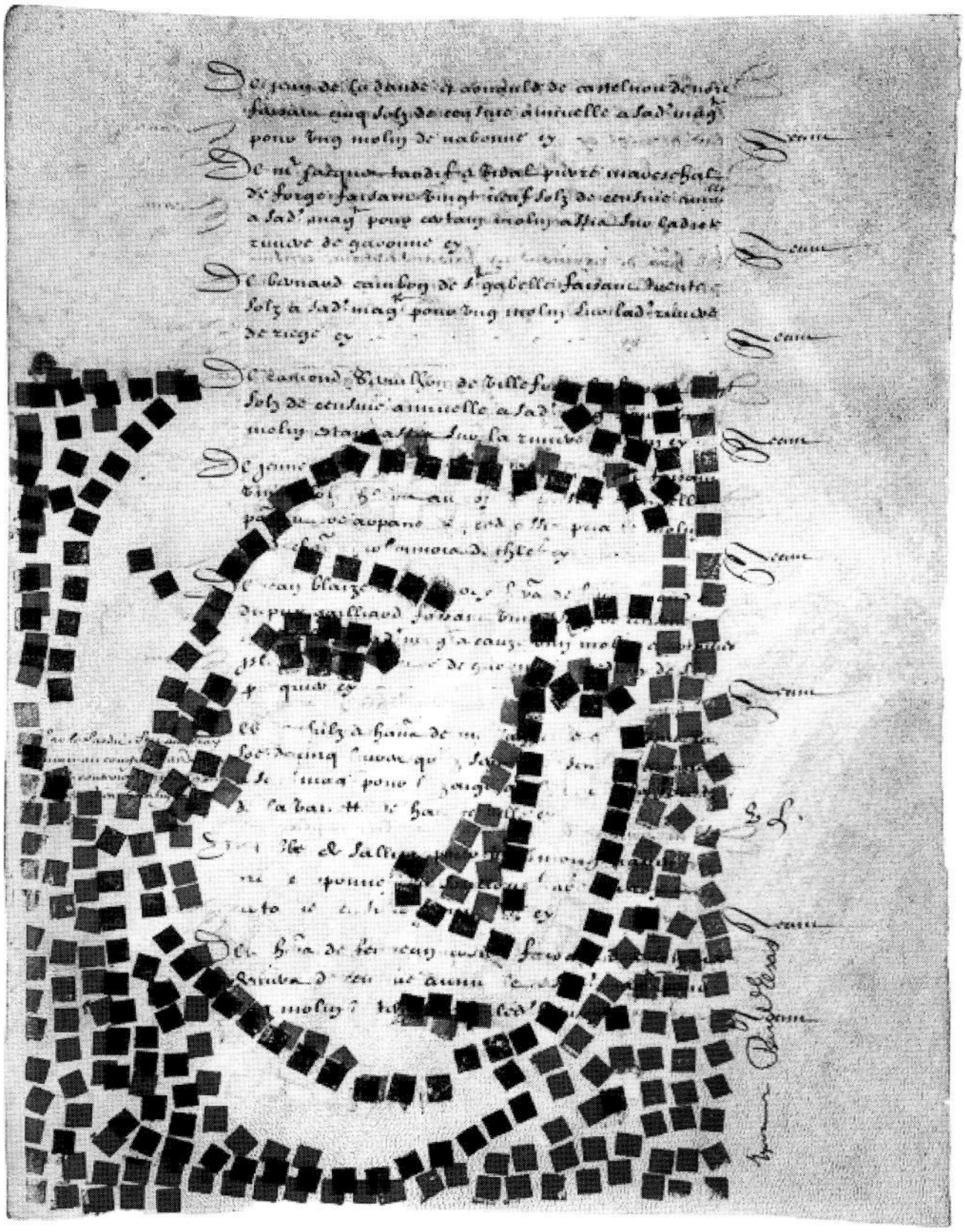

図 4-53　羊皮紙文書にスタンプされた肖像画(20 世紀パリ)

ミのエサになるか湿気で損傷を受けて朽ち果てる運命だったかもしれません。あるいはブックカバーのように実用品として使われ、手垢にまみれてしまっていた可能性も。しかし、このような古いものを斬新な形で活用することにより、数百年前の実用文書は芸術作品として生まれ変わります。額に入れられて大切に扱われ、今後数百年も人の心に潤いを与えてくれる、新たな役割を果たすこととなるのです。

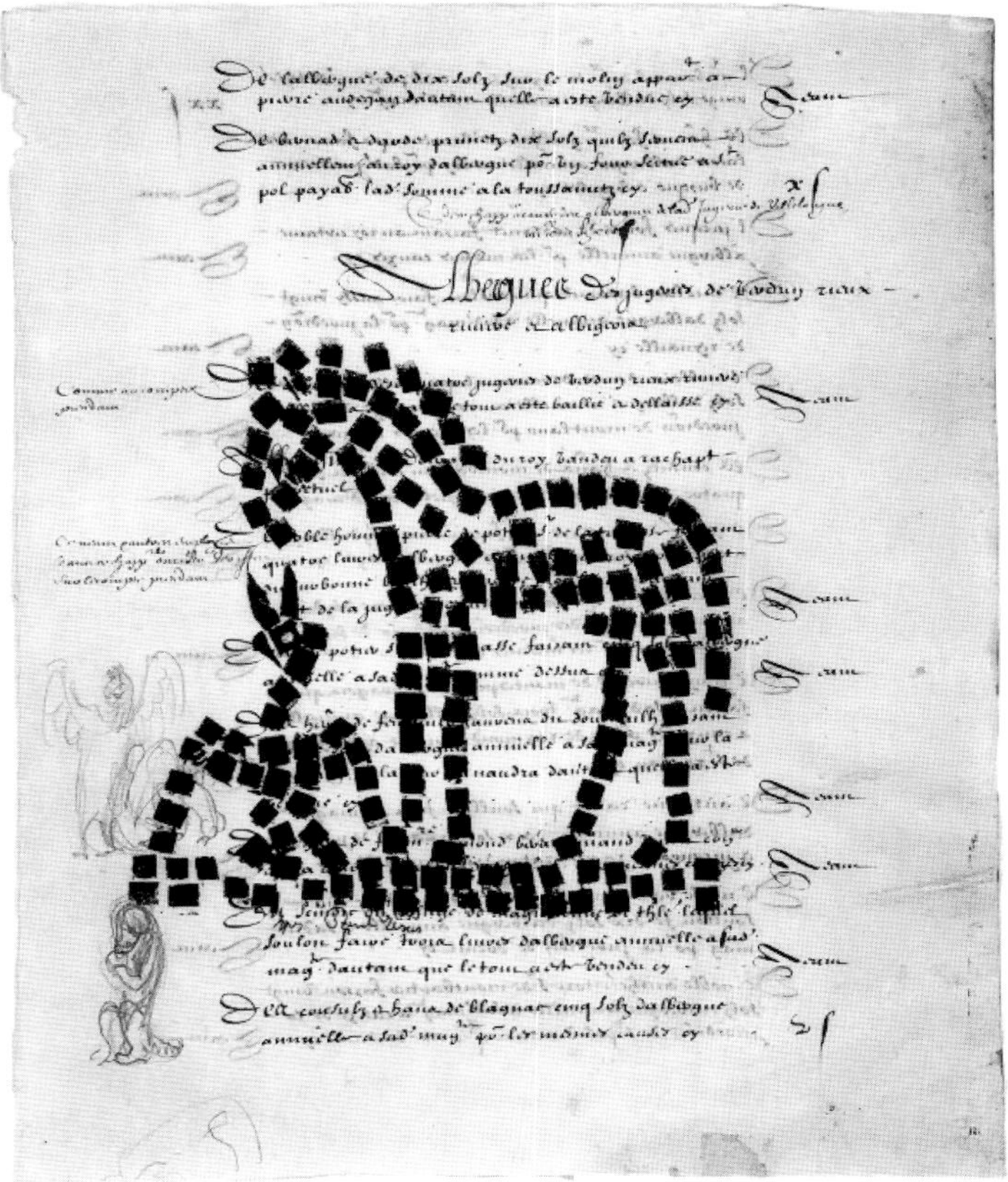

図 4-54　羊皮紙文書にスタンプされた馬と鳥？（20 世紀パリ）

羊皮紙の歴史は、再生の歴史。この世における生を全うした動物は、肉と皮に分離され、その皮は羊皮紙として再生されます。新たな役目を与えられた動物の皮に、神の言葉や国家の歴史だけでなく、人の営みに欠かせない日々の細々とした記録などが記されていきました。そして情報伝達の役目を終えた羊皮紙文書は、さらに新たな役目を担い、再生されてゆくのです。

コラム
Column

印章を付けてみよう

イギリスで一七世紀頃まで主に用いられていたペンダントタイプの印章を身近な材料を使って作ってみましょう。金属ボタンを型にして印璽を作り、樹脂粘土に押し付けるだけ。羊皮紙の「ベロ」部分の構造も詳しく説明します。

用意するもの

金属ボタン，お湯で柔らかくなるプラスチック粘土，樹脂粘土(赤と茶)，羊皮紙か紙(A5～A4)，「ベロ」用に細長い羊皮紙か紙(25 × 2 cm)

印璽を作る

プラスチック粘土を 80°C のお湯につけて柔らかくします．ヤケドしないように箸などで取り出します．

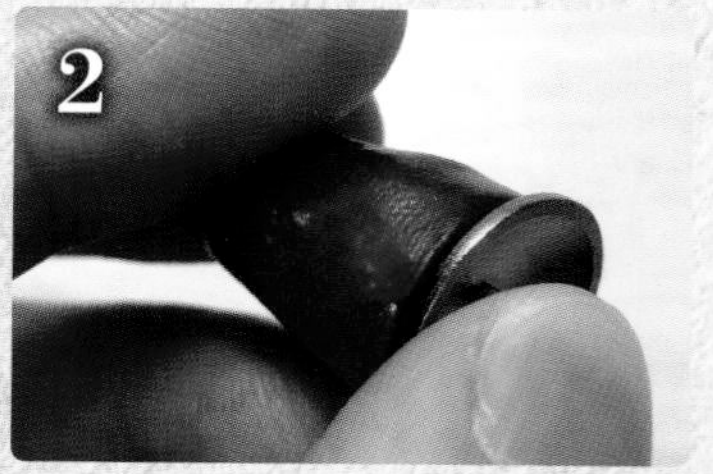

温かく柔らかいうちに円錐形に成型し，金属ボタンに押し付けます．冷めて固まるまでそのままの状態で放置します．

冷めると固まって，印璽が完成です．印面の上下がわかるように，持ち手にしるしを入れておくとよいでしょう．

ベロを付ける

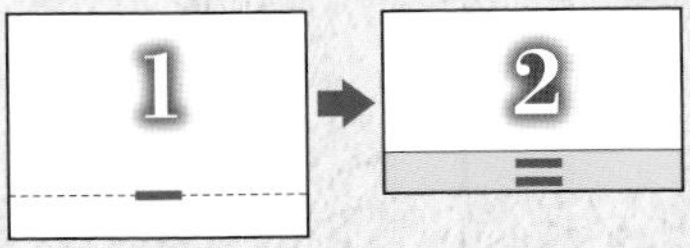

羊皮紙／紙の下辺を約 2 cm 折り返します．開いて折り目に約 2 cm の切れ込みを入れます(1)．再度折り返し，約 2 cm の切れ込みを上下 2 本裏まで貫通させるように入れます(2)．

幅約 2 cm，長さ約 25 cm の「ベロ」を半分の長さに折り畳み，先を重ねて三角形にカット．上図のように，表裏の切れ込みに縫い込むように差し入れ，下側の切れ込みから出します．

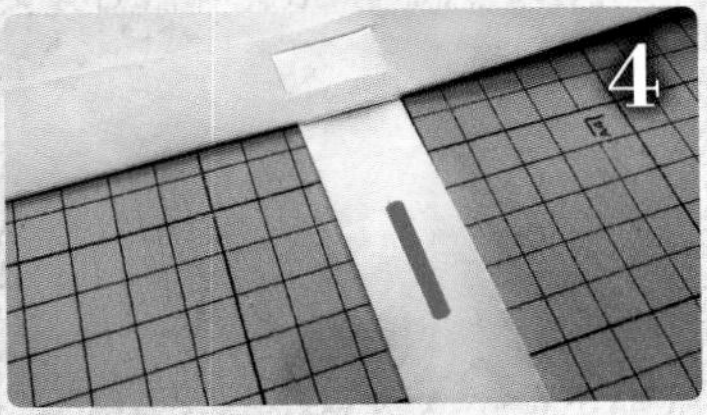

ベロの中央に長さ 2 cm の切れ込みを入れます(赤線部分)．

ベロの先を切れ込みに通してクルっと回転させます．少しコツがいります．

これでベロに印章用の「イス」ができました．

印章を付ける

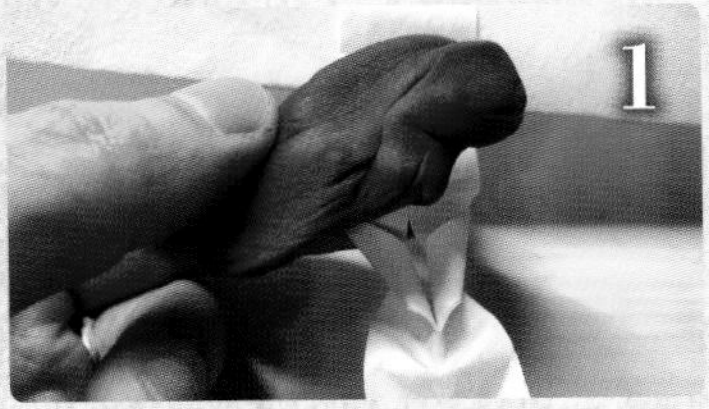

赤と茶の樹脂粘土を混ぜて長細い棒状にし，ベロのイスに巻き付けます．

イスに食い込ませるようにして，粘土を丸めます．

印璽の向きを確認し，粘土に押し付けます．裏は指の跡が付いても問題ありません．

好みで茶色い粉末顔料や土などをまぶして汚しを入れます．羊皮紙の上片を波型にカットします．

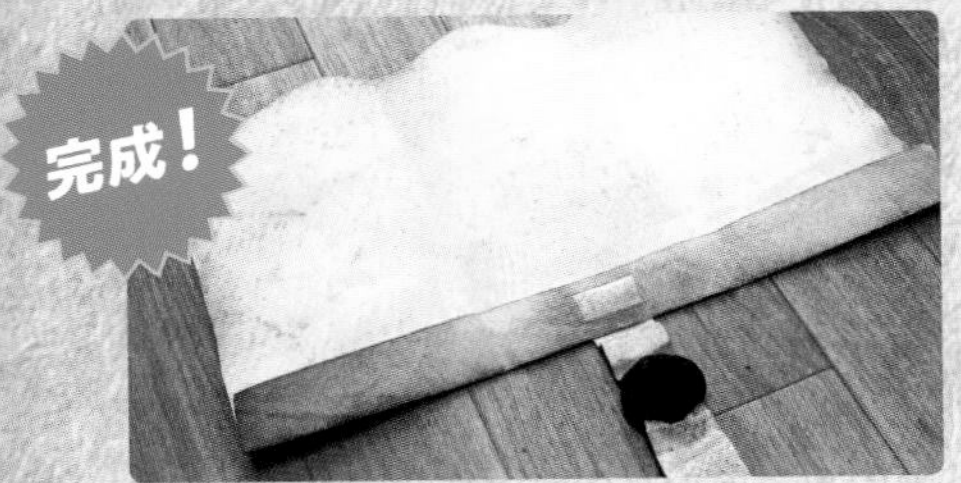

ペンダント型印章つき契約書の完成です．

エピローグ

これから開く「羊皮紙の世界」

歴史・地域・分野を通して、「羊皮紙の世界」を巡ってきました。現代の私たちからすると、ファンタジーや冒険のイメージが強い羊皮紙ですが、つい数百年前まではごく一般的な実用品だったのですね。

紙や印刷の普及により一旦はほぼ廃れてしまいましたが、現在新たな世代が羊皮紙の未来を形作っています。

「羊皮紙発祥の地」と称されるトルコ・ベルガマでは、二〇〇五年から羊皮紙を街のシンボルとして復活させようと様々な活動が行われてきました。ベルガマの街を歩くと、羊皮紙のアート作品を販売しているショップやお土産屋さんがあります。二〇一三年にはベルガマ市とエゲ大学主催による「第二回国際ペルガモンシンポジウム」が開催。テーマとして「羊皮紙」が取り上げられ、世界各国から羊皮紙の専門家が集結しました。

一方で、ベルガマでただ一人の羊皮紙職人イスマイル・アラチさんは、高齢により継続が難しくなっていました。このままでは羊皮紙発祥の地における羊皮紙作りの伝統が途絶えてしまう……。

そこで、ベルガマ在住のアーティストのデメット・サーラムさんと、ベルガマ市役所職員のネスリン・エルミシュさんが、二〇一三年にイスマイルさんへ弟子入りを試みました。が、イスマイルさんは昔ながらの無骨な職人気質。「新参者」の二人の依頼を突っぱねてしまいます。それでもあきらめず工房に通い続ける二人の熱意に押され、イスマイルさんは一からその技を伝授。二〇一七年にはベルガマ市役所主催の式典にて、二人は親方であるイスマイルさんから、「羊皮紙職人」としての認定を受けました。

その後デメットさんはイギリスに移住し、ノーフォークで自らの工房を立ち上げ羊皮紙作りを継続。ネスリンさんは市役所を辞めて羊皮紙作りに専念し、研鑽を積みました。その努力が実り、ネスリンさんは二〇二一年にはトルコ共和国文化観光省により、「伝統的羊皮紙作りの無形文化財保持者」として認定を受けるに至っています。

さらに、イスマイルさんの羊皮紙でアート作品を作っていたベルガマの羊皮紙アートショップも一念発起。経営者のデミレル夫妻らがイスマイルさんに羊皮紙作りを教わり、羊皮紙の制作に携わるようになりました。

一時期は危ぶまれたベルガマでの羊皮紙作りは、このように新たな世代に引き継がれました。二〇二二年現在でも羊皮紙の「聖地」にて、その伝統が息づいているのです。

世界的にも、羊皮紙には新たな可能性が見出されています。ニューヨークの革工房が羊皮紙作りの新事業をはじめたり、バンコクのインテリアメーカーが羊皮紙を貼ったシックな家具を制作したり。日本でも羊皮紙は広まってきており、カリグラフィーや絵画はもちろん、教育機関や博物館、教会、そして結婚式関連などでも使用されています。「護符」として活用する人も少なくありません。羊皮紙は私たちにも身近な存在になりつつあるようです。

図5-1　イスマイルさんから指導を受ける弟子たち(©Raif Metin, 2013)

また、現代科学の飛躍的な発展により、羊皮紙から様々な新情報が読み取れるようにもなってきました。たとえば、中世写本の羊皮紙からタンパク質やDNAを抽出・分析することで、動物種のみならず品種や近親関係なども特定できるのです。条件が揃えば「このページとこのページのひつじは親戚同士だった」なんてこともわかるのですね。今後の分析技術の進歩に伴い、より精緻な情報が読み取れるようになるにつれ、未だ羊皮紙に秘められている、いにしえの世界が明かされることでしょう。

かつてプリニウスに「人類の不滅性が確立した」(一頁)とも言わしめた、人間の歴史を支えてきた素材「羊皮紙」。これからの時代にも新たな「羊皮紙の世界」が開かれます。

参考・引用文献

(1) Ronald Reed. *The Nature and Making of Parchment.* The Elmete Press, 1975: p. 7.（筆者訳）

(2) Ronald Reed. *Ancient Skins, Parchments and Leathers.* Seminar Press, 1972: pp. 133-134.（筆者訳）

(3) 八木健治『羊皮紙のすべて』（青土社、二〇二一年、一一二頁）。

(4) 日本聖書協会『聖書 新共同訳』新約聖書マタイによる福音書二章三節。

(5) 日本聖書協会『聖書 新共同訳』旧約聖書列王記上一章三〇節。

(6) Catherine Reynolds. "The Undecorated Margin: The Fashion for Luxury Books without Borders". Elizabeth Morrison and Thomas Kren (eds). *Flemish Manuscript Painting in Context.* Getty Publications, 2006: pp. 9-26.

(7) Christopher De Hamel. *A History of Illuminated Manuscripts.* Phaidon, 1994: p. 108.

(8) Christopher De Hamel. *Making Medieval Manuscripts.* University of Oxford, 2018: p. 114.

(9) Daniel V. Thompson. *The Materials and Techniques of Medieval Painting.* Dover Publications, 1956.

(10) J. A. Szirmai. *The Archaeology of Medieval Bookbinding.* Routledge, 1999: pp. 102, 152, 218.

(11) Jeffrey Abt and Margaret A. Fusco. "A Byzantine Scholar's Letter on the Preparation of Manuscript Vellum". *Journal of the American Institute for Conservation (JAIC)*, 28.2 [1989]: pp. 61-66.（筆者訳）

(12) Moses Maimonides (trans. by Rabbi Eliyahu Touger). *Mishneh Torah: Hilchot Tefillin, Mezuza, Sefer Torah & Tzitzit.* Moznaim Publishing Corporation, 1990: pp. 17-24.

(13) Moses Maimonides (trans. by Rabbi Eliyahu Touger). *Mishneh Torah: Hilchot Tefillin, Mezuza, Sefer Torah & Tzitzit.* Moznaim Publishing Corporation, 1990: p. 19.

(14) 日本聖書協会『聖書 新共同訳』旧約聖書箴言二五章二節。

(15) Moses Maimonides (trans. by Rabbi Eliyahu Touger). *Mishneh Torah: Hilchot Tefillin, Mezuza, Sefer Torah & Tzitzit.* Moznaim Publishing Corporation, 1990: p. 20.

(16) 日本聖書協会『聖書 新共同訳』旧約聖書創世記四九章一三節。

(17) Raymond A. Silverman and Neal W. Sobania (Directors). *The Parchment Makers: An Ancient Art in Present-Day Ethiopia [Film].* Scriptorium: Center for Christian Antiquities, 2000.

(18) Michael Sells. "The Mu'allaqa of Ṭarafa". *Journal of Arabic Literature* 17 (1986): p. 26.

(19) Ronald Reed. *Ancient Skins, Parchments and Leathers.* Seminar Press, 1972: p. 130.

(20) 大川玲子『図説 コーランの世界』（河出書房新社、二〇〇五年、三一—三三頁）。

(21) 日本ムスリム協会『日亜対訳・注解 聖クルアーン』（日本ムスリム協会、一九八二年、二八一頁）。

(22) ピエール＝マルク・ドゥ・ビアシ（山田美明訳）『紙の歴史——文明の礎の二千年』（創元社、二〇〇六年、五三頁）。

(23) Richard Kelly. *Vellum: printing record copies of public Acts.* House of Commons Library, 2018: p. 20.

(24) Ronnie Reese. "Notre Dame ditching sheepskin diplomas". *Chicago Tribune.* October 12, 2011. 〈https://www.chicagotribune.com/news/ct-xpm-2011-10-12-ct-talk-sheepskin-diplomas-1012-20111012-story.html〉（最終アクセス 2021-06-22）。

【協力していただいた方、機関（敬称略）】

Artur Tngryan (Armenian miniature artist)

Avraham Borshevsky (Traditional Hebrew master scribe and creative calligraphy artist)

İsmail Araç (Parchment maker in Bergama)

Jiří Vnouček (Conservator, Royal Danish Library)

Nesrin Ermiş Pavlis (Parchment artist from Bergama)

石川博隆（証書類提供）

株式会社加速器分析研究所（放射性炭素年代測定実施）

八木健治

自宅の風呂場でひつじの毛を剃ぎ羊皮紙を作ることから出発し，現在は羊皮紙の販売，羊皮紙写本等の展示，および羊皮紙や写本に関する執筆・講演等を中心に活動．『羊皮紙のすべて』(青土社，2021年)，『図書館情報資源概論』(分担執筆，ミネルヴァ書房，2018年)，『モノとヒトの新史料学——古代地中海世界と前近代メディア』(分担執筆，勉誠出版，2016年)をはじめ，羊皮紙や書写材に関する文章を多数執筆．西洋中世学会会員．羊皮紙専門サイト「羊皮紙工房」(https://www.youhishi.com)主宰．

羊皮紙の世界——薄皮が秘める分厚い歴史と物語

2022年8月30日　第1刷発行
2022年10月25日　第2刷発行

著　者　八木健治《やぎけんじ》

発行者　坂本政謙

発行所　株式会社 岩波書店
〒101-8002 東京都千代田区一ツ橋2-5-5
電話案内 03-5210-4000
https://www.iwanami.co.jp/

印刷・三秀舎　製本・中永製本

© Kenji Yagi 2022
ISBN 978-4-00-025475-5　　Printed in Japan

付属の羊皮紙について

羊皮紙について「知る」だけでなく直接「感じて」いただけるように，本物の羊皮紙（山羊皮）をおまけとして付けてあります．厚さやテクスチャー，硬さ，裏表差，書き味など，実物に触れながらお確かめください．

※あくまでも羊皮紙の一例です．動物種，個体差，カットした部位などによって異なります．